MW00811130

SCRIPTORVM CLASSICORVM

BIBLIOTHECA OXONIENSIS

OXONII

E TYPOGRAPHEO CLARENDONIANO

M. TVLLI CICERONIS

ORATIONES

PRO TVLLO PRO FONTEIO PRO SVLLA
PRO ARCHIA PRO PLANCIO
PRO SCAVRO

RECOGNOVIT
BREVIQVE ADNOTATIONE CRITICA INSTRVXIT

ALBERTVS CVRTIS CLARK

OXONII

E TYPOGRAPHEO CLARENDONIANO

OXFORD
UNIVERSITY PRESS

Great Clarendon Street, Oxford OX2 6DP

Oxford University Press is a department of the University of Oxford.
It furthers the University's objective of excellence in research, scholarship,
and education by publishing worldwide in

Oxford New York

Auckland   Cape Town Dar es Salaam Hong Kong Karachi
Kuala Lumpur Madrid Melbourne Mexico City   Nairobi
New Delhi Shanghai Taipei Toronto
With offices in
Argentina Austria Brazil Chile Czech Republic France Greece
Guatemala Hungary Italy Japan South Korea Poland Portugal
Singapore Switzerland Thailand Turkey Ukraine Vietnam

Oxford is a registered trade mark of Oxford University Press
in the UK and in certain other countries

Published in the United States
by Oxford University Press Inc., New York

ISBN   978-0-19-814610-0

PRAEFATIO

Cvm orationes quae in nobili codice Parisiensi 7794 continentur recensendas suscepisset amicus meus Gulielmus Peterson, ceteras ego pro mea parte curavi. Pusillo igitur hoc volumine in lucem exeunte confecta est editio Oxoniensis. Illud nobis hactenus concessum est ut in orationibus edendis codicum, non annorum, rationem haberemus : absoluto negotio spero fore ut eloquentiae Tullianae σῶμα usitato ordine dispositum aliquando prodeat.

Ante quam de ceteris subsidiis loquar, illud mihi laetandum iure esse video, orationum Tullianarum fragmenta aliqua ex Aegypti harenis nunc demum emergere. Plancianae scilicet duas in pergamena particulas (P) saeculo fere quinto scriptas in Museo Berolinensi nuper invenit Seymour de Ricci, antiquitatis acerrimus investigator[1]. Catilinariae secundae et Pompeianae fragmenta quaedam suis in scriniis possidet Arturus S. Hunt huius Collegii socius, Oxyrhynchi spoliis exornatus[2]. Quod quidem ad Plancianam attinet, ut alia mittam, illud gaudeo quod uno in loco § 27 ubi ceteri habent *se probatum debet sperare*, asperiore numero[3], P exhibet *se probatum sperare debet*, quam scripturam a Tullio profectam esse quovis pignore contenderim. Adeo recentissimae in hoc genere doctrinae conspirat testis antiquissimus e tenebris diuturnis erutus.

In orationibus pro Sulla, pro Archia, pro Plancio habitis eadem fere codicum ratio est. Duae enim librorum familiae sunt, e quibus una est Germana, altera ut videtur Gallica : haec numero, illa virtute praestantior. Germani

[1] *Mélanges Chatelain*, Paris, 1910, pp. 442-447.
[2] Haec fragmenta prope diem iuris publici fient.
[3] Cf. *Zielinski, Clauselgesetz*, p. 154.

PRAEFATIO

codices sunt Tegernseensis (*T*), Erfurtensis (*E*), Palatinus
(*e*), de quibus antea saepe dixi. Illud monendum est,
in codd. *Ee* Sullanam non integram nunc legi. Huius
orationis finem tantum habet *E* (§§ 81–93) praecedentibus
foliis manu impia abscissis[1]: initium (§§ 1–43) tantum *e*,
in quo scripsit librarius *hic est modicus defectus, ut apparet.*
Planciana caret *e*, Archiana *T.* His accedunt duo e Belgia
testes, Gemblacensis (*G*), qui Archianam solam exhibet, et
Parcensis (*π*), in quo inter alias orationes Sullana legitur.

Familia Gallica permultos codices amplectitur, quos ex
uno fonte deductos esse constat. Censeo fuisse in Gallia codicem satis corruptum in quo Planciana, Sullana,
Archiana, Caesarianae, Cluentiana, Quinctiana, Flacciana
legerentur, hoc ordine dispositae[2]: ex hoc exemplari nunc
deperdito cetera emanasse. Hi libri inter se tam similes
sunt ut, si unum excusseris, omnes nosse videaris: e magno
numero duos elegi, Paris. 14749 (Σ), de quo antea saepe
dixi, et Paris. 16228 (*g*), qui quibusdam locis sinceriorem
scripturam exhibet.

Venio nunc ad Italos qui litteris iam renascentibus
operam his orationibus primi dederunt, in quibus agmen
ducit ille vir Musis dilectissimus, Franciscus Petrarcha,
Arpinatis nostri cultor et sospitator. Ignoscat mihi lector
benivolus, si de huius viri studiis Tullianis paulo fusius
dicam. Orationes Petrarchae, cum adulescens esset, notae
hae erant, Catilinariae, Caesarianae, Ciceronis et Sallustii
Invectivae, post reditum ad Senatum et ad Populum
Romanum, quam syllogen una cum libris aliquot philoso-
phicis continet codex ille Trecensis quem Petrarchae fuisse
ostendit Petrus de Nolhac, quem honoris causa nomino[3].

[1] Lectiones aliquot e parte deperdita protulerunt Zinzerlingus in
Promulside Critica, ch. xxv (1610) et Gulielmius (apud Gruterum).
[2] Cf. *Inventa Italorum*, p. 8 (*Anecdota Oxon., Classical Series*,
Part XI).
[3] *Pétrarque et l'Humanisme*, i, p. 227 (ed. 2). Sciat lector me multa
de Petrarchae studiis ex hoc aureolo libro protulisse.

Archianam invenit ipse Leodii (hodie *Liège*) A.D. 1333 una cum alia oratione cuius nomen non traditur: qua de re ipse testatur [1].

Circa quintum et vigesimum vitae annum inter Belgas Helvetiosque festinans, cum Leodium pervenissem, audito quod esset ibi bona copia librorum, substiti comitesque detinui, donec unam Ciceronis orationem manu amici, alteram mea manu scripsi, quam postea per Italiam effudi, et, ut rideas, in tam bona civitate barbarica atramenti aliquid et id croco simillimum reperire magnus labor fuit.

Quattuor orationibus novissime repertis A.D. 1350 eum ditavit Lapus de Castiglioncho, viz. Miloniana, Pompeiana, Sullana, Planciana [2]. Lapi codicem quattuor annos, cum Valle Clausa degeret, secum habebat et, cum librarium idoneum non inveniret, ipse transcripsit [3]. In epistula notissima [4] ubi loquitur de viris illustribus a Cicerone celebratis, quorum sodalicio frui, cum vitam solitariam ageret, sibi videbatur, postquam eos laudaverat quorum e codice Trecensi notitiam ceperat, pergit ad Lapum conversus [5].

Quod autem nominatim ad libellum tuum attinet, amice, et Milo defensus et Laterensis offensus et Sylla excusatus et Pompeius laudatus aderant.

Lapo tandem codicem reddidit Archianamque sua manu transcriptam, benivolentiae praemium, misit. Post Petrarchae mortem, qui A.D. 1374 obiit, eius bibliotheca penes Lombardum de Seta, quo Secretario usus est, manebat, ad quem Coluccius, vir librorum avidissimus, A.D. 1379 ita scribit [6].

---

[1] *Senil.* xvi. 1.
[2] *Fam.* xviii. 11 et 12: *Var.* xvi.
[3] 'Ad domestica vertor auxilia, fatigatosque hos digitos et hunc exesum atque attritum calamum ad opus expedio,' *Fam.* xviii. 2.
[4] *Fam.* xii. 8.
[5] *Var.* xlv.
[6] *Novati, Epistolario di Coluccio Salutati*, i, pp. 331-333.

PRAEFATIO

Audieram etiam ipsum (i. e. Petrarcham) habuisse Verrinas, sed ne, dum omnia quaeram, pluribus caream, has vel in papyro transcribi peto: de lege frumentaria, ad Hortensium, pro Plancio, pro P. Silla, de laudibus Magni Pompeii et Milonianam, quam ultimam habeo adeo corruptam et inexpletam quod dici potest me illam penitus non habere.... Habeo orationem AD POPVLVM ROMANVM *ipsius Ciceronis quando ivit in exilium, que incipit* SI QVANDO INIMICORVM *et cetera. Si esset altera ab illa quae apud vos intitulatur* AD EQVITES ROMANOS, *fac et illam scribi: aliter sufficiat ea quam habeo.* GRATVLATIONEM AD SENATVM PRO REDITV DE EXILIO *habeo, sed, ut arbitror, incompletam; non enim procedit nisi usque ibi* NON OMITTAM, PATRES CONSCRIPTI, VT CVM EA MICHI SINT RESTITVTA *et cetera: si ultra habetis, exemplari facias.* GRATVLATIONEM AD POPVLVM ROMANVM *habeo similiter inexpletam, videlicet usque ibi:* NEQVE SOLVM IN-GRATVS *et cetera. Oro itaque ut residuum tuo munere habeam.*

Illud nunc quaerendum est, an aliquem hodie codicem habeamus qui ad Lapi librum redire videatur. Vnum quidem inveni quem necessitudinem artam cum Lapo atque ipso Petrarcha habere arbitror. Hic est codex S. Crucis xxiii. Sin. 3 (*a*) in bibliotheca Laurentiana asservatus, ex hereditate Seb. de Bucellis, bibliothecae S. Crucis olim custodis, qui A.D. 1466 mortuus est. Praeter Tusculanas et Paradoxa habet eam orationum syllogen quam Petrarchianam dixerim. Hae sunt Catilinariae, Ciceronis et Sallustii Invectivae, Pompeiana, Archiana, pridie quam in exsilium iret, cum senatui gratias egit, Miloniana, Planciana, Sullana. Quod quidem ad orationem spuriam Tullio in exsilium eunti ascriptam attinet [1],—quae neque in Trecensi sit neque a Lapo venerit et in hoc codice Archianam sequatur,—pro certo affirmare possumus hanc esse illam

---

[1] Titulum habet *a* 'oratio pro se ipso ad populum Romanum pro persecutione quam ei tribunus inferebat iniuste': in codicibus non nullis 'ad equites Romanos' vocatur.

alteram orationem A. D. 1333 Leodii inventam et a Petrarchae comite transcriptam.

Oculos convertit adnotatio quaedam ad Marcellinam (*f.* 63 *v.*).

Cicero orationem miris refertam poetarum laudibus scripsit pro Licinio Archia, ut ait Petrarcha in epistola quadam ad Lapum de Castiglioncho[1].

Eius modi notulas scripsit ipse Lapus in alio codice[2], in quo Petrarchae epistulae continentur, in eadem bibliotheca asservato (Sanctae Crucis xxvi. Sin. 10), velut *ad Fam.* xii. 8.

Loquitur hic de quodam libello in quo erant orationes Tullii, quas ad eum destinaverat iste Lapus sive Iacobus Florentinus, amicus suus, qui re vera vocabatur Lapus de Castiglioncho, postea decretorum doctor.

Alia eius modi notula est in *f.* 82 *r.*

Hinc sumpsit Zenovius Florentinus in laurea sua, 'Cum cetere urbes studio et doctrina haberi possint, sola ista, nisi divinitus data sit, haberi non potest.'

Zanobius ille de Strada, poeta notissimus, A. D. 1355 laurea coronatus Carolum imperatorem oratione laudavit. Amicus erat Petrarchae, cui soli litterarum laude cedebat[3].

Codicem saeculo xiv exaratum esse arbitratur Bandinius, cui ita credo ut scripturam initio sequentis saeculi pari iure convenire fatear. Sed in re tam lubrica difficile est iu-dicium : viderint peritiores. Tusculanae alia manu scriptae cum ceteris postea compactae sunt. Folia 49 *r*—59 *r* nigriore atramento et litteris acutioribus scripta sunt, sed ab eodem quo sequentia scriba proficisci potuisse non ne-gaverim. Graeca verba quae in Paradoxis occurrunt scripsit homo linguae Graecae inscius. Notulis marginalibus re-fertus codex est usque ad *f.* 90, cetera folia nullas habent.

---

[1] *Var.* xlv.   [2] Bibliothecae S. Crucis dedit Tedaldus de Casa.
[3] *Mehus, Vita Ambrosii,* p. 189 ' dopo Petrarca era Zanobi l'uomo il più dotto che allora vivesse.' Epistula Petrarchae ad eum est, *Fam.* xv. 3.

PRAEFATIO

Orationes Pompeianam, Milonianam, Plancianam, Sullanam ad exemplar satis antiquum redire manifestum est[1].
Verba perperam divisa abundant[2], litterae maiusculae aliquando offenduntur[3], corruptelae apertissimae convertunt
oculos, manus interpolatrix non deprehenditur. Quod
quidem ad codicis stirpem attinet, statim agnovi librum ita
ab Italicis dissentire ut cum Germanis saepissime con-
sentiat. Neque enim solum verba habet a vulgaribus
omissa[4] sed saepe mediam quandam lectionem inter
vulgarem et Germanam exhibet[5]. Sescenta sunt exempla,
quae in rebus minutissimis saepe vertuntur[6]. Primo quidem suspicatus sum hunc librum, qui in verborum collocatione cum vulgaribus plerumque consentit, ex archetypo
Gallico derivatum correctiones permultas a codice Germano
recepisse, sed re deliberata tot res tam leves correctori
dignas quae excerperentur videri potuisse non credo.

In Miloniana ceteris Italicis sinceriorem esse hunc codicem Orelli viderat[7]. Simillimus est libri Bernensis 104
(saecl. xiii), quocum mirabiliter saepe consentit[8]. Hi duo
libri archetypum omnium deteriorum, foedissime corruptum
sed nondum ab hominibus Italis interpolatum, fidelissime
repraesentant.

---

[1] Compendium *aß* (=autem) in archetypo exstitisse testantur hae
scripturae Planc. 5 Ma=mihi autem, 34 autem] an, 77 tu autem]
tuam, 91 me autem] me a, 92 fructus autem] fructus aut. Cf. *Traube,
Neues Archiv d. Geschichtsk.* xxvi, p. 237.

[2] Velut Sull. 3 investigas . ti, 43 turbido] turpi do, Planc. 2 . exti-
mes . co, 22 Aquinas . Tractus] equina stratas, 92 consulerem meis se]
consulere me isse.

[3] Velut Sull. 23 pervelim] P. velim, Planc. 75 is in re p.] is . M. re p.

[4] Velut Planc. 61 Didi, 64 imperiis, *ib.* gloriae.

[5] Velut Planc. 4 seiunctum *TE* : seui actum *a* : om. *X¹gp in lac.* :
alienum (*vel* dictum) *cett.* : Sull. 50 exuviis *TE* : eximiis *π* : et uiuus *a* :
erumnis *cett.*, 51 si vetera *T* : sin ea *π* : suesca *a* : si est causa *cett.*

[6] Velut Planc. 36 id aequum] id aecuum *T* : adecuum *a*, 62 eminus]
eminus *Ta*, 7a ex hostium manibus *TE* : et hostium manibus *a* :
hostium manibus *cett.*

[7] *Cic., pro Milone,* p. 28 (1826).

[8] Velut § 6 a Clodio factas] ad odio facta sunt *Bern., a,* § 12 vellem]

viii

PRAEFATIO

Hunc codicem ab ipso Petrarcha exaratum esse non arbitror. Neque enim eius manum agnosco et uno certe in loco scripturam habet ab ea quam laudat Petrarcha diversam[1]. Dicit ille se, cum Plancianam transcriberet, diuturno labore confectum erubuisse pudore quodam, cum ad § 66 huius orationis venisset.

' Nam quas tu,' inquit, ' commemoras Cassii (sic) *legere te solere orationes cum otiosus sis, eas ego scripsi,' et ut solet cum adversario iocans, ' rudis,' inquit, ' et ferus, ne omnino essem otiosus.'*

Tum sese increpans ait.

Ergo alienas Cicero scripsit, tu Ciceronis orationes scribere negliges?

In errorem vir doctus incidit paene iocularem, cum Cassium accusatorem esse oblivisceretur, ipsum Ciceronem librarii munere solere fungi crederet[2]. Hoc loco in Germanis codicibus recte legitur *ludis et feriis*, in vulgaribus *rudis et ferus* : mediam quandam lectionem praebet cod. *a*, viz. *ludis et ferus*, quam in Lapi codice exstitisse et a Petrarcha in peius mutatam esse manifestum est.

Potest aliquis subiicere *a* eum esse codicem quem in usum Coluccii Lombardus de Seta, Petrarcha mortuo, scribendum curavit, sed rem liquere non arbitror. Primum enim de codice papyraceo loquitur Coluccius, hic est membranaceus[3]: deinde orationem *pridie quam in exsilium iret* se habere testatur et exemplari novo non egere, quae tamen in hoc invenitur. Puto igitur hunc librum ad ipsum Lapum redire et vel ab ipso vel in eius usum fuisse transcriptum.

vel lem re *Bern.*: vel lenire *a*, § 19 si res] feres *Bern.*, *a*, § 34 adepti] apl' empti *Bern.*, *a*.　　　　　[1] *Fam.* xviii. 12.

[2] Memoria lapsum esse Petrarcham ipsius verba testantur in eadem epistula de hoc loco. ' Sic igitur calamo frenante oculum atque oculo calamum urgente provehebar ut non tantum opere delectatus sim, sed inter scribendum multa didicerim memoriaeque mandaverim.'

[3] Omnes ipsius Petrarchae libri e membranis erant. Cf. *Nolhac.* i, p. 64.

PRAEFATIO

Ceteri, quos quidem vidi, codices ab Italis exarati non a Lapi libro, sed ab exemplari Gallico deducti sunt. Hanc familiam hoc saeculo[1] exeunte Alpes iam transisse testatur cod. Palatinus 1820 (p) A. D. 1394 Perusiae, ut videtur, scriptus, in quo ad finem legitur :—

Gloria laus et honor tibi sit rex, Christe, redemptor,
cui puerile decus prompsit Osanna pium.

Henricus de prusia scripsit.

Possidet hunc Pathava vocitatus in urbe Iohannes
et Ludovicus, iuris utrumque iubar.

Hoc opus fecit scribi dominus Iohannes Ludovicus de Lambertatiis utriusque iuris doctor M·CCC·LXXXXIIII.

Hic liber codicis Σ plane gemellus est, quocum consentit non solum in textu sed etiam in notulis quas uterque in margine positas exhibet, velut ad Planc. 66 *hoc et Iustinus in primo historie meminit*, ad Arch. 18 *dissonantia opinionum de Homeri patria nec minor de etate discordia est.* R̪ *historiam scholasticam, l'. regum* 1º *ad finem incidentia*[2]. Huiusce modi scholiis plenior est quam Σ et ceteri ex eadem familia codices, velut ad Planc. 94 *idem pro Cornelio Balbo*, 'neque enim inconstantis puto sententiam tamquam aliquod navigium atque cursum ex rei publicae tempestate moderari.' Hoc emblema (*neque . . . moderari*) in textum recepit Angelius. Item ad § 58 *mihi non ingrati* notulam *contra quem agebas* addit p in margine, additamentum post *equitis Romani* inseruit idem editor.

Nescio an hic liber Gallicos qui hodie exstant codices antiquitate superet, cum de codd. Σg incertum sit utrum saeculo xiv exeunte an xv ineunte exarati sint. Lectiones habet non nullas quae cum Germanis communes sunt,

---

[1] A. D. 1374 Gregorius XI Canonico cuidam Parisiensi imperavit ut Sorbonicos Tullii codices inspiceret si forte novi aliquid reperire posset. Cf. *Pastor, Gesch. der Päpste*, i, p. 624.

[2] *Migne*, cxcviii, p. 1324.

x

velut Planc. 57 *audivi*, 88 *quem profecto non videbam*] *om.
m.* 1, vel ad scripturam genuinam proxime accedunt, velut
Sull. 50 *eripuis*, Planc. 38 III *eciam.* Vno loco veritatem
praestare mihi videtur, viz. Planc. 100 *vi me, vinquam*,
quam corruptelam e lectione *vi me, vi inquam*, ut coniecit
Orelli, ortam esse credo.

Hunc codicem nactus ceteros recentioris aevi libros ab
Italis scriptos quos ipse inspexi, quibus addere possum eos
quibus plurimis in Planciana recensenda usus est Ed.
Wunder [1], neglegere potui, cum omnes sint ab eodem fonte
deducti. Cuius rei causam fuisse arbitror quod Lapi codex
mendis apertissimis refertus esset, Gallici, quamvis inquina-
tiores, vitia velarent.

His quaestionibus absolutis restat ut inter codices dignitatis contentio fiat. Quod quidem ad duas stirpes attinet
facile est iudicium ; nam Gallicae familiae Germanam fere
semper praestare manifestum est. Corruptissimae sane hae
orationes legerentur, si e libris Gallicis res tota penderet, quos
in Quinctiana et Flacciana solos perpetuum testimonium
praebere valde dolendum est.

Vt de singulis qui in familiam optimam cadunt pauca
dicam, in Planciana *TE* ita inter se conspirant ut *T* paulo
integrior esse videatur. Huius praecipua laus est quod
corruptelam apertam quae a veritate proxime absit saepius
servat, velut § 7 *tu magni*, § 13 *iudi*, § 40 *insieco notes*, § 59
long. Bonas aliquot lectiones *E* solus exhibet, velut § 33
legationes, 37 *magis*, 38 *Maeciam*, sed pleraeque eius generis
sunt quae potuerint a correctore proficisci, velut § 74 *me
dedebam*, § 79 *abiecero*, § 89 *invitissimis.* In Sullana §§ 1–43
habet *e*, §§ 81–93 *E*: in ceteris dominatur sine rivali
Tegernseensis. Infeliciter profecto accidit quod haec
potissimum folia Erfurtensi avulsa sunt, nam, si ex §§ 81–93
licet iudicare, in hac oratione *E* fere ex aequo cum *T* con-
tendebat. Locos aliquot a ceteris omissos habet solus

[1] *Cic., pro Plancio*, 1830.

velut § 69 *mentesque convertere*, § 72 *quis misericordior inventus est*, § 80 *grave est hoc dictum fortasse iudices*, § 85 *nullius nuntio*, § 88 *pristinum*, § 89 *campi*. Vt cum cod. *e* conferatur, quem in Caeciniana, Pompeiana, Rullinis eius asseclam esse cognovimus[1], eandem in Sullana rationem valere arbitror. Scripturae enim, quotquot ex *E* nondum mutilato prolatae sunt, in *e* exstant, si unam exceperis, ubi *e* cum deterioribus facit (§ 42 *emisi E* : *dimisi Tπ* : *divisi e, cett.*). Cum tamen ceteris in orationibus *e* ab *E* saepe dissentiat, praesertim in collocatione verborum, veri simile est librum hunc iisdem vitiis in Sullana laborare. Quamvis igitur lectiones aliquot praestantes solus habeat, velut § 5 *excelsissimam*, § 6 *deserendos*, § 17 *fasces*, § 21 *repressum*, § 32 *ceteros*, § 34 *cum signifer esset iuventutis* om. (post *in consulatu*), § 42 *consuetudine et* om., Tegernseensis auctoritatem perpetuam sequi malo.

In Archiana *G* sine dubio ceteris praestat, qua in re non commorabor. Codicem post alios diligentissime excussit Aemilius Thomas, vir de Ciceronis optime meritus : pauca quaedam quae dubia erant suo testimonio firmavit E. Ouverleaux. Proxime accedunt *Ee*, qui tamen interpolationibus non carent (velut § 10 *noluisse sed credendum est*, § 20 *qualia carmina quod acroama*).

Nunc venio ad codicem Parcensem (π)[2], quem adhuc consulto reservavi. Liber est saeculo xiv in Belgia[3], ut videtur, exaratus, in quo Caeliana, Sullana, Pompeiana, Caecinianae particula, Caesarianae, Catilinariae, Philippicae continentur. Huius codicis ratio est plane singularis. Ita enim in Sullana, Pompeiana, Caeciniana ex eodem quo *T* fonte deductus est ut saepe interpolationibus audacissimis

[1] *Cicero, pro Quinctio, etc., Oxonii*, 1909, p. xiv n.
[2] Parcensi affines sunt, quantum ad Sullanam pertinet, Bruxell. 9769, Cantabrig. Dd. xiii. 2 et codices Rubenii (Elector. 1. 3).
[3] Ita docet varia lectio *Pomp.* a *praetor pro me venit qui cis Rhenum natus sum* (= *praetor primus centuriis cunctis renuntiatus sum*).

et fere insanis inquinatus sit. Eius indoles e Caecinianae
particula optime perspicitur quae in hoc libro bis legitur[1].
Exemplar primum ad T proxime accedit, mendis quidem
refertissimum est, sed non multis interpolationibus defor-
matum : in secundo licentia immanis deprehenditur. Non
solum enim verborum collocatio saepe variatur sed vulnera
chirurgi inscitia graviter exulcerata sunt. Sed de hac re
alio loco fusius dicendum est : illud tantum nunc monendum, correctiones aliquas quae in hoc codice offenduntur
non ab ipso librario profectas esse sed a magistro semidocto,
cuius emendationes exscribebat. Velut in Sullana § 79 π
habet *ex natura sua et in* (*ex sua natura* T: *ex vi sua
naturaque cett.*) ubi *in* pro *vi*, quod corrector coniecerat,
librarium exscripsisse manifestum est. Eodem modo § 81
habet *in iudicio* (*iudicio* E : *indicio* cett.), quod ex *iudicio*
fluxisse credo.

Illud constat istum sive correctorem sive scribam, quotiens in aliquo mendo offendisset, quidquid in mentem
veniret sine ulla religione statim scripsisse, velut Sull. § 1
re domiti T: *redomiti* cett.: *confusi* π, § 2 *necessitudinem* T:
necessitatem cett. : *consuetudinem* π, § 11 *consulibus patre
tuo consule designato*] *consulibus designatis* π, § 38 *esse
quaerendum Cassio si hic esset in eodem scelere ne cum*]
*quaerendum esse a Cassio si hic eorum in eodem scelere
necessarium* π, § 39 *purgetne Cassius Sullam*] *purgare nec
Cassium nec Sullam* π, § 42 *ad vere referendum*] *aut fecun-
diam* π, § 55 *ad ferramenta prospicienda*] *ad feras prospi-
ciendas* π, § 60 *an tibi Pompeiani coniurasse videntur*] *an in
Pompeianum crimen coniurasse videmur* π, § 78 *natura
cuiusque cum animi tum corporis, regit quaesitor, flectit libido*]
natura cuiusque animum corporis flectit libido π.

[1] Cf. P. Thomas, *Revue de l'Instruction Publique en Belgique*,
xxxv. 6, pp. 365-381 (1892), et xxvi. 1, pp. 22-27 : codicis π collatione ab eo facta et typis impressa, quam nunc auctoris dono possideo,
me, cum Caecinianam recenserem, caruisse maxime doleo.

PRAEFATIO

Potest aliquis inclamare, 'apage istum librum, omni fide indignum,' ut ego olim in Pompeiana dixeram [1]. Sed in Caeciniana et Sullana alia ratio est atque in Pompeiana, in qua praeter Erfurtensis perpetuum testimonium adest Harleıanus, testis locupletissimus. Atque in Caeciniana dubitationi non est locus. Ita enim codd. $T\pi$ inter se conspirant ut π non numquam scripturam sinceriorem praebere manifestum sit. Velut § 72 *statue* [2], quod Madvig ingenio assecutus est, in π plane legitur (*se at ue T* : *esse cett.*). Quis credat miserum istum correctorem hoc divinare potuisse? Eodem modo § 74 T habet *quae mina tua iure mancipi sint* : pro corruptela *mina* ceteri dant *cum omnia* : in π est *lumina*, ut Manutius coniecerat. Nunc elucet veritas tenebris densissimis obruta. Scilicet in verbis quae sequuntur

> *si parietum communitum ius si civili ac publica lege contra alicuius gratiam teneri non potest*

locum graviter corrupit Ascensius, qui pro *parietum* (ita $TE\pi$, *pari tum cett.*) *parum* scripsit: legendum est *si parietum communium* [3] *ius* (fort. *usus*) *civili* etc.

Veri simile, ut levissime dicam, est etiam in Sullana cod. π archetypi lectionem pristinam non numquam conservasse, praesertim in rebus minutioribus ubi homines imperiti haerere non debebant. Itaque cum π lego § 35 *se nescire* (*om.* se *cett.*), § 48 *coactus sum* (*om.* sum *cett.*), § 52 *et ut* (ita Reid e coni. : *om.* et *cett.*), § 68 *cogitasset ut . . . descenderet* (*cogitasset . . . descenderet Ta : cogitasset . . . descendere cett.*), § 79 *vita* (*om. cett.*, facili errore post *salutē*), ut alios omittam locos in quibus eius lectio mihi sane probabilis videtur.

Nunc venio ad Fonteianam quae, ut fragmenta Niebuhriana

---

[1] *Cicero, pro Roscio Amerino, etc., Oxon* , 1905, p. ix n.

[2] Cf. *P. Thomas, Revue de l'Instruction Publique en Belgique*, xxxvi. 1 p. 26.

[3] Correctionem *communium* ante me fecit Manutius, quam nescio quo modo editores omnes fefellisse miror.

et Cusana omittam, in Vaticano (*V*) solo servata est, quem
A.D. 1425 fere Italis innotuisse arbitror[1]. Codicem hunc
nobilissimum excusserunt Faernus, Garatoni, Niebuhr,
Reifferscheid, ego non sine fructu nuperrime contuli. Quod
quidem ad libros recentiores attinet, qui omnes e *V* derivati
sunt, illud monuerim, orationem in cod. *b*, quem ante
A.D. 1425 exaratum esse censeo, non inveniri : in cod. χ,
qui ceteris in orationibus ex *b* pendet, exstare : recentiores
cum χ plerumque congruere[2]. Nolui in hac re commorari,
non enim veri simile est multas nos margaritas in his
quisquiliis reperire posse. Plurimas Italorum correctiones,
ut solet, cod. Paris. 7779 (*k*) continet[3] : alias, quae vulgo
editoribus saeculi xvi acceptae referuntur, in codice Arundel.
236 (Mus. Brit.) inveni.

In Tulliana et Scauriana nihil facere potui nisi ut virorum
doctorum qui in his laciniis elaborarunt adnotationes evol-
verem. Quod quidem ad palimpsestos Ambrosianum (*A*)
et Taurinensem (*T*) attinet—hunc ab Amadeo Peyron[4],
illum ab Angelio Mai repertum[5]—Taurinensem, incendio
infelici nuper exustum, quem Ambrosiano aetate excellere
arbitratus est C. M. Francken[6], bonitate praestare, ubi
ambos testes habemus, ipsa lectionum varietas docet.

Grates mihi agendae sunt Bibliothecarum Laurentianae et
Bruxellensis Praefectis, quorum beneficio codd. *aπ* Oxonium
missos otiose conferre potui : Ed. Ströbel Monacensi, Car.
Brinckman Berolinensi, qui codicum *TE* scripturas quasdam
confirmaverunt : Iacobo S. Reid Cantabrigiensi, huius operis
fautori perpetuo, qui aliquot emendationes meas benignis-
sime castigavit.

A. C. C.

Scribebam Oxonii
  Mense Decembri MDCCCCX.

[1] *Cicero, pro Quinctio, etc.*, Oxon., 1909. p. iii.
[2] De hoc codice cf. *Anecdota Oxon.*, Part XI, pp. 24 sqq.
[3] Fonteiana caret *c*.   [4] *Cicero, pro Scauro, etc.*, 1824.
[5] *Cicero, pro Scauro, etc.*, 1814.   [6] *Mnemosyne* xi (1883), p. 375.

Has lectiones a prioribus neglectas vel falso traditas e mea codicis V collatione profero : leviora quaedam menda velut verba perperam divisa omitto.

Font. 13 copiis ... r. mis *m.* 1 : copiisque remis *m.* 2, *ib.* compensaruṇt, 15 quin] qui *m.* 1 : quia *m.* 2, *ib.* adferam] ferta *m.* 1 : adferta *m.* 2, 17 segniores] seniores *m.* 1 : *corr. m.* 2, *ib.* improbata sunt, 18 possimus, *ib.* ex quas exscripsistis, 19 tractum *m.* 1 : *corr. m.* 2, *ib.* Cobiomacho, 21 quaesitore] quaesitore, *ib.* vostrae *m.* 2, 23 clarissimis dubitandum nostrae civitatis viris dubitandum non putaverunt, 24 ingeni, rerum] in . . . . *m.* 1 : *suppl. m.* 2, *ib.* Aemilio Scauro] aemili. , . auro *m.* 1 : *suppl. m.* 2, 26 Galli] calli *m.* 2, 28 ut et cum *inest*, 31 quicquam] quisquam, 32 ac nomini] ac nomine, *ib.* bonis ac] bonis ad, 33 demissos *m.* 1 : *corr. m.* 2, 34 infami] inf. . . . *m.* 1 : *suppl. m.* 2, *ib.* esset vobis] † *sup.* vobis *add. m.* 2, 35 in sententiis ferendis] . . . . erendis *m.* 1 : *suppl. m.* 2 (*in ras.*), 36 lubidinem *m.* 2, *ib.* belligerando *m.* 2, 37 a libidine] a lubine, 39 opinio . . . . lo . . . . niosissimi *m.* 1 : *suppl. m.* 2, *ib.* iuberet] iubertet, 40 pudoris] . . . . . is *m.* 1 : puoris *m.* 2, *ib.* officii . . . num *m.* 1 : *suppl. m.* 2, 44 ut *post* dicat *add. m.* 2 *in fine versus*, 45 testimoniis, *ib.* fidelissim . . . . sumuntur *m.* 1 : *suppl. m.* 2 (*vocc.* et gravissima *in ras. sunt*), *ib.* gentis *m.* 1, 48 easdem se, 49 quị periuris, *ib.* lubidini *m.* 2 : . . . . dini *m.* 2.

De his codicum *TEπ* lectionibus erraverunt vel siluerunt priores.

Sull. 35 necessitas quaedam imposita est ab illo π, 57 amandare] mandare π, 59 esse existimavit suis π, 63 ut restitueretur Sulla. Recte reprehendis *Tπ*, 75 non inquam cadit in hos mores π, 88 occiderunt π, 89 disciplinarum (*sine* et scholae π), 91 relictus esset π.

Planc. 17 ab eis] ab his *E*, 22 morem] m̄tē *T*, 26 praesentes *T*¹ : praesentis *T*², 37 eis hominibus] his hominibus *E*, 46 cumque eos] cu hos *T*², 68 etiam ii *T* : etiam hi *E*, *ib.* debere et in iis *T*, 69 me iis *T*, 90 xx] viginti *TE*, 103 meis iis *T*.

M. TVLLI CICERONIS
PRO M. TVLLIO ORATIO

SIGLA

A = Palimpsestus Ambrosianus (*continens* §§ 4-23 ore
putavit . . . amici in comm-)

T = Palimpsestus Taurinensis (*continens* §§ 1-4 antea
sic . . . consului. Pri- : §§ 7-11 pecuniae paret . . . datum esset :
§§ 23-36 turbarunt . . . solum agitur : §§ 37-51 ego intellego
. . fugit ma- : §§ 53-56 tamen verum . . . ut eum

H = Rhetores Latini, *ed. Halm*
K = Grammatici Latini, *ed. Keil*

M. TVLLI CICERONIS

PRO M. TVLLIO ORATIO

Antea sic hanc causam agere statueram, recuperatores, ut 1
infitiaturos adversarios arbitrarer tantam caedem et tam
atrocem ad familiam suam pertinere.   Itaque animo soluto
a cura et a cogitatione veneram, quod intellegebam facile id
5 me testibus planum facere posse.   Nunc vero postea quam
non modo confessus est vir primarius, L. Quinctius . . .

Desunt versus sex octonarum denarum fere litterarum.

laborabam ut, quod arguebam, id factum esse ostenderem ;
nunc in eo consumenda est oratio ut ne adversarii, quod
10 infitiari nullo modo potuerunt, cum maxime cuperent, id
cum confessi sunt, meliore loco esse videantur.   Itaque tum 2
vestrum difficilius iudicium, mea facilis defensio fore videbatur.   Ego enim omnia in testibus . . .

Desiderantur septem versus.

15 quid est facilius quam de eo qui confitetur iudicare ?   Mihi
autem difficile est satis copiose de eo dicere quod nec
atrocius verbis demonstrari potest quam re ipsa est, neque
apertius oratione mea fieri quam ipsorum confessione factum
est.

---

1 antea sic hanc causam *Peyron* : a . . . . *T*   agere
statueram *Beier* : a . . . . s . . . . . ra. *T*   recuperatores *Peyron* : . . . .
. . . tores *T* (*inter* recip. *et* recup. *variant in hac oratione codd.*)   ut
infitiaturos *Orelli* : . . . . turos *T*   6 Quin . . . . *T*: *suppl.*
Peyron   8 laborabam *Peyron* : . . borabam *T*   12 diudicium *T*:
corr. Peyron   13 testibus *Peyron* : tes *T*

3   Cum in hac re quam commemoravi mihi mutanda ratio
defensionis . . .

Desiderantur septem versus.

minus diligenter illius existimationem quam rem M. Tulli
viderer defendere.   Nunc quoniam Quinctius ad causam 5
pertinere putavit res ita multas, falsas praesertim et inique
confictas, proferre de vita et moribus et existimatione M.
Tulli, multis de causis mihi Fabius debebit ignoscere, si
2 minus eius famae parcere videbor quam antea consului.

Cod. 4 Pri . .   10
T de-   *Desiderantur sex versus.*
ficit

Cod. A . . ore putavit ad officium suum pertinere adversario nulla
incipit in re parcere, quid me oportet Tullium pro Tullio facere,
homine coniuncto mecum non minus animo quam nomine?
Ac mihi magis illud laborandum videtur, recuperatores, ut 15
quod antea nihil in istum dixi probare *possi*m, quam *ne* in eo
5 reprehendar quod hoc tempore respondeo.   Verum et tum
id feci quod oportuit, et nunc faciam quod necesse est.
Nam cum esset de re pecuniaria controversia, quod damnum
datum M. Tullio diceremus, alienum mea natura videbatur 20
quicquam de existimatione P. Fabi dicere, non quia res
postulare non videretur.   Quid ergo est?   Tametsi postulat
causa, tamen, nisi plane cogit ingratiis, ad male dicendum
non soleo descendere.   Nunc cum coactus dicam, si quid
forte dicam, tamen id ipsum verecunde modiceque faciam, 25
tantum ut, quoniam sibi me non esse inimicum potuit priore
actione Fabius iudicare, nunc M. Tullio fidelem certumque
amicum esse cognoscat.

8 Vnum hoc abs te, L. Quincti, pervelim impetrare—quod
6 tametsi eo volo quia mihi utile est, tamen abs te idcirco 30

---

4 quam *sup. lin. hab.* T   16 probare possim quam *Cramer* : prob
. . . . umquam *A*   ne *suppl. Mommsen*   20 mea] a mea *Peyron*
21 quin *A : corr. Mai*   25 modique *A : corr. Heinrich*

quia aequum est, postulo—ut ita tibi multum temporis ad
dicendum sumas ut his aliquid ad iudicandum relinquas.
Namque antea non defensionis tuae modus, sed nox tibi
finem dicendi fecit ; nunc, si tibi placere potest, ne idem
5 facias, id abs te postulo. Neque hoc idcirco postulo quod
te aliquid censeam praeterire oportere aut non quam orna-
tissime et copiosissime dicere, verum ut semel una quaque
de re dicas ; quod si facies, non vereor ne dicendo dies
eximatur.

10 Iudicium vestrum est, recuperatores, QVANTAE PECVNIAE 7 *Cod.*
PARET DOLO MALO FAMILIAE P. FABI VI HOMINIBVS ARMA- *T in-*
TIS COACTISVE DAMNVM DATVM ESSE M. TVLLIO. Eius *cipit*
rei taxationem nos fecimus ; aestimatio vestra est ; iudicium
datum est in quadruplum.

15 Cum omnes leges omniaque iudicia quae paulo graviora 4
atque asperiora videntur esse ex improborum iniquitate et ⁸
iniuria nata sunt, tum hoc iudicium paucis hisce annis
propter hominum malam consuetudinem nimiamque licentiam constitutum est. Nam cum multae familiae dice-
20 rentur in agris longinquis et pascuis armatae esse caedisque
facere, cumque ea consuetudo non solum ad res privatorum
sed ad summam rem publicam pertinere videretur, M. Lucullus, qui summa aequitate et sapientia ius dixit, primus
hoc iudicium composuit et id spectavit ut omnes ita familias
25 suas continerent ut non modo armati damnum nemini
darent verum etiam lacessiti iure se potius quam armis
defenderent ; et cum sciret de damno legem esse Aquiliam, 9
tamen hoc ita existimavit, apud maiores nostros cum et res
et cupiditates minores essent et familiae non magnae magno

---

1 aecum *A*   2 his *Cramer* : is *A*   5 quod *A* (*Peyron*) : quo
Mai   12 datum *T* : factum *A*   22 sed *T* : sed etiam *A*
23 et *T* : ad *A* : atque *Peyron*   24 omnes *A* : homines *T*   27
sciret *T* : scirent *A*   28 hoc] hic *Heinrich*

metu continerentur ut perraro fieret ut homo occideretur,
idque nefarium ac singulare facinus putaretur, nihil opus
fuisse iudicio de vi coactis armatisque hominibus ; quod
enim usu non veniebat, de eo si quis legem aut iudicium
constitueret, non tam prohibere videretur quam admonere. 5

5 His temporibus cum ex bello diuturno atque domestico res
10 in eam consuetudinem venisset ut homines minore religione
armis uterentur, necesse putavit esse et in universam familiam iudicium dare, quod a familia factum diceretur, et recu-
11 peratores dare, ut quam primum res iudicaretur, et poenam 10
graviorem constituere, ut metu comprimeretur audacia, et
illam latebram tollere : ' DAMNVM INIVRIA.' Quod in aliis
causis debet valere et valet lege Aquilia, id ex huius modi

Cod. T damno quod vi per servos armatos datum esset . . .
deficit *Desunt septem versiculi ternarum denarum fere litterarum.* 15

12 ipsi statuerent quo tempore possent suo iure arma capere,
manum cogere, homines occidere. Cum iudicium ita daret
ut hoc solum in iudicium veniret, videreturne vi hominibus
coactis armatisve damnum dolo malo familiae datum, neque
illud adderet 'INIVRIA,' putavit se audaciam improborum 20
sustulisse, cum spem defensionis nullam reliquisset.

6 Quoniam quod iudicium et quo consilio constitutum sit
13 cognostis, nunc rem ipsam, ut gesta sit, dum breviter vobis
14 demonstro, attendite. Fundum habet in agro Thurino
M. Tullius paternum, recuperatores, quem se habere usque 25
eo non moleste tulit, donec vicinum eius modi nactus est
qui agri finis armis proferre mallet quam iure defendere.
Nam P. Fabius nuper emit agrum de C. Claudio senatore,
cui fundo erat adfinis M. Tullius, sane magno, dimidio fere

1 ut perraro *A* : perraro *T*: et perraro *Cramer*   2 ac *T*: et *A*
5 videretur *T*: videtur *A*   6 ex *A* : et *T*   12 aliis *T*: illis *A*
17 daret *Heinrich* : daretur *A*   18 venire *A* : corr. *Beier*   20 aderet
A : corr. *Cramer*   21 relinquisset *A* (*ita* § 21)   24 Thurino
Quintil. iv. 3. 121 : Thyrino *A*

pluris incultum exustis villis omnibus quam quanti integrum
atque ornatissimum carissimis pretiis ipse Claudius *emerat*
Desùnt undecim versus.

clam circumscripsisse isti a consulari Macedonia et Asia. 15
5 Etiam illud addam quod ad rem pertinet: imperatore
mortuo pecuniam nescio quo modo quaesitam dum volt in
praedio ponere, non posuit, sed abiecit. Nihil adhuc m . . .
Desunt versus decem.

. . am calamitate vicinorum corrigit, et quod stomachum
10 suum damno Tulli *explere* conatus est. Est in eo agro **7**
centuria quae Populiana nominatur, recuperatores, quae sem- 16
per M. Tulli fuit, quam etiam pater pos*sederat* . . .
Desunt undecim versus.

posita esse et ad fundum eius convenire. Ac primum, quod
15 eum negoti totius et emptionis suae paenitebat, fundum pro-
scripsit; eum autem emptum habebat cum socio Cn. Acerronio, viro op*timo.*
Desunt undecim versus.

modum proscripsisse. Hominem appellat. Iste sane adro- 17
20 ganter quod commodum fuit respondit. Nequedum finis
auctor demonstraverat. Mittit ad procuratorem litteras et
ad vilicum Tullius . . .
Desunt decem versus.

facturum negavit; illis absentibus finis Acerronio demon-
25 stravit neque tamen hanc centuriam Populianam vacuam
tradidit. Acerronius, quo modo potuit, se de tota re ex . .
Desunt undecim versus.

. . mine eius modi semustilatus effugit. Adducit iste interea **8**
in saltum homines electos maximis animis et viribus et eis 18

2 emerat *suppl. Heinrich*   9 calamitatem *A : corr. Mai*   10
explere *Mai* : plere *A*   11 Popiliana *A (Peyron) : cf.* §§ 17, 19, 21
12 possederat *Mai* : pos *A*   17 optimo *Mai* : op *A*   26 se
de tota me *Niebuhr* : sedetorare *A*   28 mine *A* : discrimine *Heinrich*   29 iis *Mai* : is *A*

arma quae cuique habilia atque apta essent comparat, prorsus ut quivis intellegeret non eos ad rem rusticam, verum ad
19 caedem ac pugnam comparari.   Brevi illo tempore Q. Cati
Aemiliani, hominis honesti, quem vos nostis, duo homines
occiderunt ; multa alia fecerunt ; passim vagabantur armati, 5
non obscure, sed ut plane intellegere viderentur ad quam
rem parati essent ; agros, vias denique infestas habebant.
Venit in Thurinum interea Tullius.   Deinde iste pater
familias Asiaticus beatus, novus arator et idem pecuarius,
cum ambularet in agro, animadvertit in hac ipsa centuria 10
Populiana aedificium non ita magnum servumque M. Tulli
20 Philinum. 'Quid vobis,' inquit, 'istic negoti in meo est ?'
Servus respondit pudenter, at non stulte, dominum esse ad
villam ; posse eum cum eo disceptare si quid vellet.   Rogat
Fabius Acerronium—nam ibi tum erat—ut secum simul 15
veniat ad Tullium.   Venitur.   Ad villam erat Tullius.
Appellat Fabius ut aut ipse Tullium deduceret aut ab eo
deduceretur.   Dicit deducturum se Tullius, vadimonium
Fabio Romam promissurum.   Manet in ea condicione
9 Fabius.   Mature disceditur.   Proxima nocte, iam fere cum 20
21 lux adpropinquaret, ad illud aedificium de quo antea dixi,
quod erat in centuria Populiana, servi P. Fabi frequentes
armatique veniunt ; introitum ipsi sibi *vi* manuque pate-
faciunt ; homines magni preti servos M. Tulli nec opinantis
adoriuntur ; quod facile factu fuit, neque tam multos neque 25
repugnantis multi armati paratique occidunt tantumque odi
crudelitatisque *hab*uerunt ut eos omnis gurgulionibus insectis
relinquerent, ne, si quem semivivum ac spirantem etiam re-
liquissent, minor eis honor haberetur ; praeterea tectum

1 habilia *Heinrich* : abitalia *A*   3 illo] illi *Cramer*   8
Tyrinum *A* (*cf.* § 14)   12 Philinum *Mai* (*e* § 22): filium *A*
sticnegotiimmeost *A* : 'stic negoti immeo est (' *vulgarem pronuntia-
tionem expressit orator* ') *Peyron*   23 vi *suppl. Heinrich*   25
quodque *Huschke*   27 habuerunt *Mai* : ... uerunt *A*   2⟨
iis *Huschke* : his *A* : is *Heinrich*

villamque disturbant.   Hanc rem tam atrocem, tam indi- 22
gnam, tam repentinam nuntiat M. Tullio Philinus, quem
antea nominavi, qui graviter saucius e caede effugerat.
Tullius statim dimittit ad amicos, quorum ex vicinitate Thu-
5 rina bona atque honesta copia praesto fuit.   Omnibus 23
acerba res et misera videbatur.   Cum amici in comm . . . *Cod. A*
           Desunt multa.   *deficit*
turbarunt.   *Cod. T*
                                                          incipit
   Audite, quaeso, in eas res quas commemoro hominum 10
10 honestorum testimonium.   Haec quae mei testes dicunt, 24
fatetur adversarius eos vere dicere ; quae mei testes non dicunt, quia non viderunt nec sciunt, ea dicit ipse adversarius.
Nostri testes dicunt occisos homines ; cruorem in locis pluribus, deiectum aedificium se vidisse dicunt ; nihil amplius.
15 Quid Fabius ?   Horum nihil negat.   Quid ergo addit amplius ?   Suam familiam fecisse dicit.   Quo modo ?   Vi 25
hominibus armatis.   Quo animo ?   Vt id fieret quod factum
est.   Quid est id ?   Vt homines M. Tulli occiderentur.
Quod ergo eo animo factum est ut homines unum in locum
20 convenirent, ut arma caperent, ut certo consilio certum in
locum proficiscerentur, ut idoneum tempus eligerent, ut
caedem facerent, id si voluerunt et cogitarunt et perfecerunt,
potestis eam voluntatem, id consilium, id factum a dolo
malo seiungere ?   At istuc totum ' DOLO MALO ' additur in 26
25 hoc iudicio eius causa qui agit, non illius quicum agitur.   Id
ut intellegatis, recuperatores, quaeso ut diligenter attendatis ;
profecto quin ita sit non dubitabitis.
                                                          11
   Si ita iudicium daretur ut id concluderetur quod a familia 27
factum esset, si quae familia ipsa in caede interesse noluisset
30 et homines aut servos aut liberos coegisset aut conduxisset,

___

4 ex *Beier* : ea *A*   Thurina *Pluygers* : tum illa *A*   13
plurimb. *T*   14 vidisse dicunt ; nihil *Madvig* : vidisse ; dicunt
nihil *priores*

totum hoc iudicium et praetoris severitas dissolveretur.
Nemo enim potest hoc iudicare, qua in re familia non inter-
fuisset, in ea re eam ipsam familiam vi armatis hominibus
damnum dedisse.   Ergo, id quia poterat fieri et facile poterat, idcirco non satis habitum est quaeri quid familia ipsa 5
fecisset, verum etiam illud, quid familiae dolo malo factum
28 esset.   Nam cum facit ipsa familia vim armatis coactisve
hominibus et damnum cuipiam dat, id dolo malo fieri necesse
est ; cum autem rationem init ut ea fiat, familia ipsa non
facit, fit autem dolo malo eius.   Ergo addito ' DOLO MALO ' 10
actoris et petitoris fit causa copiosior.   Vtrum enim ostendere potest, sive eam ipsam familiam sibi damnum dedisse,
sive consilio et opera eius familiae factum esse, vincat
necesse est.

12   Videtis praetores per hos annos interdicere hoc modo, 15
29 *velut inter* me et M. Claudium : VNDE DOLO MALO TVO,
M. TVLLI, M. CLAVDIVS AVT FAMILIA AVT PROCVRATOR
EIVS VI DETRVSVS EST, cetera ex formula.   Si, ubi ita interdictum est et sponsio facta, ego me ad iudicem sic defendam
ut vi me deiecisse confitear, dolo malo negem, ecquis me 20
audiat ?   Non opinor equidem, quia, si vi deieci M. Claudium,
dolo malo deieci ; in vi enim dolus malus inest, et Claudio
utrumvis satis est planum facere, vel se a me ipso vi deiectum
30 esse vel me consilium inisse ut vi deiceretur.   Plus igitur
datur Claudio, cum *ita* interdicitur, unde dolo malo meo vi 25
deiectus sit, quam si daretur, unde a me vi deiectus esset.
Nam in hoc posteriore, nisi ipse egomet deiecissem, vince-
rem sponsionem ; in illo priore, ubi dolus malus additur,

2 posset *Kayser*   hoc *Müller* : haec *T*   7 vim *Halm* : vi *T*
15 interdicere *Madvig* : intercedere *T*   modo *T* (*Krüger*) : in-
terdicto *Peyron*   16 velut inter *suppl. Huschke*   dolo *Baiter* :
dedolo *T*   18 si ubi *Kayser* : sicut *T* : sicubi *Madvig*   19 sic *Kayser* :
si *T*   20 ut *suppl. Peyron*   etquis *T* : *corr. Orelli*   21 quidem
T : *corr. Halm*   22 et] at *Kayser*   24 igitur ..... Claudio
cum ... *T* (*Krüger*) : *suppl. Beier*   25 unde dolo malo meo *T*,
Keller : unde a me (*e v. 26 geminat.*) *T*¹   28 auditur *T* : *corr. Beier*

sive consilium inissem, sive ipse deiecissem, necesse erat te
dolo malo meo vi deiectum iudicari.   Hoc persimile atque **13**
adeo plane idem est in hoc iudicio, recuperatores.   Quaero **31**
enim abs te, si ita iudicium datum esset : QVANTAE PECV-
5 NIAE PARET A FAMILIA P. FABII *VI* HOMINIBVS ARMATIS
DAMNVM M. TVLLIO DATVM, quid haberes quod diceres?
Nihil, opinor.   Fateris enim omnia et familiam P. Fabi fecisse et vi hominibus armatis fecisse.   Quod additum est
' DOLO MALO,' id te adiuvare putas in quo opprimitur et ex-
10 cluditur omnis tua defensio ?   Nam si additum id non esset **32**
ac tibi libitum esset ita defendere, tuam familiam non fecisse,
vinceres, si id probare potuisses.   Nunc, sive illa defensione
uti voluisses sive hac qua uteris, condemneris necesse est ;
nisi putamus eum *in iudi*cium venire qui consilium inierit,
15 illum qui fecerit non venire, cum consilium sine facto intellegi possit, factum sine consilio non possit.   An, quod factum
eius modi est ut sine occulto consilio, sine nocte, sine vi,
sine damno alterius, sine armis, sine caede, sine maleficio
fieri non potuerit, id sine dolo malo factum iudicabitur?
20 An, qua in re praetor illi improbam defensionem tolli voluit, **33**
in ea re mihi difficiliorem actionem factam putabitis ?   Hic **14**
mihi isti singulari ingenio videntur esse qui et id quod mihi
contra illos datum est ipsi adripiunt et scopulo atque saxis
pro portu stationeque utuntur.   Nam in dolo malo volunt
25 delitiscere, in quo, non modo cum omnia ipsi fecerunt quae
fatentur, verum etiam si per alios id fecissent, haererent ac
tenerentur.   Ego non in una re sola, quod mihi satis est, **34**
neque in universa re solum, sed singillatim in omnibus do-
lum malum exstare dico.   Consilium capiunt ut ad servos

1 inissem] ut vi deiceretur *add. T : del. Keller (e* § 29 v. 24 *repetitum*) sive ipse deiecissem *sup. lin. hab. T*   5 vi *suppl. Huschke*
6 datum *Baiter* : . . . tum *T* : factum *Beier*   11 defenderem *T : corr.
Peyron*   14 eum . . . . . icium *T (Krüger) : suppl. Peyron*   20
praetor *Peyron :* P. R. *T*   25 delitescere *Peyron*   28 solum]
quod mihi satis est *add. T :* ego delevi (re solum . . . satis est *del.
Francken*)   singilatim *T : corr. Klotz*

M. Tulli veniant; dolo malo faciunt. Arma capiunt; dolo
malo faciunt. Tempus ad insidiandum atque celandum
idoneum eligunt ; dolo malo faciunt. Vi in tectum inruunt ;
in ipsa vi dolus est. Occidunt homines, tectum diruunt ; nec
homo occidi nec consulto alteri damnum dari sine dolo 5
malo potest. Ergo si omnes partes sunt eius modi ut in
singulis dolus malus haereat, universam rem et totum facinus
sine dolo malo factum iudicabitis ?

15
35   Quid ad haec Quinctius? Sane nihil certum neque
unum, in quo non modo possit verum putet se posse con- 10
sistere. Primum enim illud iniecit, nihil posse dolo malo
familiae fieri. Hoc loco non solum fecit ut defenderet
Fabium, sed ut omnino huiusce modi iudicia dissolveret.
Nam si venit id in iudicium de familia quod omnino familia
nulla potest committere, nullum est iudicium, absolvantur 15
36 omnes de simili causa necesse est, bona me hercule ! Si hoc
solum esset, tamen vos, tales viri, nolle deberetis maximam
rem coniunctam cum summa re publica fortunisque privatorum, severissimum iudicium maximaque ratione composi-
Cod. T tum per vos videri esse dissolutum. Sed non id solum 20
deficit agitur . . .

                ————————

hoc iudicium sic exspectatur ut non unae rei statui, sed
omnibus constitui putetur. (*Priscian*. vi. 1. 5.)

Cod. 37 ego intellego, et tamen dicendum est ad ea quae dixit Quin-
T in-
cipit ctius, non quo ad rem pertineat, sed ne quid, quia a me 25
16 praetermissum sit, pro concesso putetur.
38   Dicis oportere quaeri, homines M. Tulli iniuria occisi sint
necne. De quo hoc primum quaero, venerit ea res in hoc

    11 ini . c . t *T*: *suppl. Peyron*   16 de . . mili *T* (*Krüger*) : *suppl.*
Peyron   est] hoc solum *add. T*: *del. Madvig* (*ex* si hoc solum
repetitum)   17 esset *ex* est *T*   18 publica] p· *T* (*Keller*) : *om.*
Peyron   20 videri *T¹* : videretur *T²* (ne severissimum . . . videretur
Huschke)   26 sit *Baiter* : est *Peyron* (*de T incertum*)   27 sint
Madvig : essent *T*

iudicium necne.   Si non venit, quid attinet aut nos dicere
aut hos quaerere?   Si autem venit, quid attinuit te tam
multis verbis a praetore postulare ut adderet in iudicium
'INIVRIA,' et, quia non impetrasses, tribunos pl. appellare
5 et hic in iudicio queri praetoris iniquitatem, quod de iniuria
non addidisset?   Haec cum praetorem postulabas, cum tri- 39
bunos appellabas, nempe *ita* dicebas, potestatem tibi fieri
oportere ut, si posses, recuperatoribus persuaderes non esse
iniuria M. Tullio damnum datum.   Quod ergo ideo in iudi-
10 cium addi voluisti, ut de eo tibi apud recuperatores dicere
liceret, eo non addito nihilo minus tamen ita dicis, quasi id
ipsum a quo *depulsus* es impetraris?   At quibus verbis in 17
decernendo Metellus usus est ceteri*que* quos appellasti?
Nonne haec omnium fuit oratio, quod vi hominibus armatis
15 coactisve familia fecisse diceretur, id tametsi nullo iure fieri
potuerit, tamen se nihil addituros?   Et recte, recuperatores.
Nam cum perfugio nullo constituto tamen haec scelera servi 40
audacissime faciant, domini impudentissime confiteantur,
quid censetis fore, si praetor iudicet eius modi caedis fieri
20 iure posse?   An quicquam interest utrum magistratus pec-
cato defensionem constituant an peccandi potestatem licen-
tiamque permittant?   Etenim, recuperatores, non damno 41
commoventur magistratus ut in haec verba iudicium dent.
Nam *si* id esset, nec recuperatores potius darent quam iudi-
25 cem nec in universam familiam, sed in eum *qui*cum nominatim ageretur, nec in quadruplum, sed in duplum, et *ad*
'DAMNVM' adderetur 'INIVRIA.'   Neque enim is qui hoc
iudicium dedit, de ceteris damnis ab lege Aquilia recedit, in
quibus nihil agitur nisi damnum, qua de re praetor animum
30 debet advertere.   In hoc iudicio videtis agi de vi, videtis 18
42

6 addidisset *Huschke*: addiderit (*vel* addidebet) *T*   7 nempe
ita *Peyron*: . . . m . . . . a *T*   8 reciperatores *T*: *corr. Beier*
12 depulsus *Peyron*: . e . . . s . s *T*   13 -que *suppl. Madvig*   24
si *suppl. Beier*   25 eumcum *T*: *suppl. Peyron*   26 ad *suppl.*
Beier   28 in *Peyron*: id *T*   30 debeat *Baiter*

agi de hominibus armatis, videtis aedificiorum expugnationes,
agri vastationes, hominum trucidationes, incendia, rapinas,
sanguinem in iudicium venire, et miramini satis habuisse eos
qui hoc iudicium dederunt id quaeri, utrum haec tam acerba,
tam indigna, tam atrocia facta essent necne, non utrum iure 5
facta an iniuria?   Non ergo praetores a lege Aquilia reces-
serunt, quae de damno est, sed de vi et armis severum iudicium constituerunt, nec ius et iniuriam quaeri nusquam
putarunt oportere, sed eos qui armis quam iure agere ma-
43 luissent de iure et iniuria disputare noluerunt.   Neque ideo 10
de iniuria non addiderunt quod in aliis rebus non adderent,
sed ne ipsi iudicarent posse homines servos iure arma capere
et manum cogere, neque quod putarent, si additum esset,
posse hoc talibus viris persuaderi non iniuria factum, sed ne
quod tamen scutum dare in iudicio viderentur eis quos 15
19 propter haec arma in iudicium vocavissent.   Fuit illud in-
44 terdictum apud maiores nostros de vi quod hodie quoque
est : Vnde tv avt familia avt procvrator tvvs illvm
avt familiam avt procvratorem illivs in hoc anno
vi deiecisti.   Deinde additur illius iam hoc causa quicum 20
agitur: cvm ille possideret, et hoc amplius: qvod nec vi nec
45 clam nec precario possideret.   Multa dantur ei qui vi
alterum detrusisse dicitur ; quorum si unum quodlibet probare iudici potuerit, etiam si confessus erit se vi deiecisse,
vincat necesse est vel non possedisse eum qui deiectus sit, 25
vel vi ab se possedisse, vel clam, vel precario.   Ei qui de vi
confessus esset tot defensiones tamen ad causam obtinendam
20 maiores reliquerunt.   Age illud alterum interdictum con-
46 sideremus, quod item nunc est constitutum propter eandem
iniquitatem temporum nimiamque hominum *licentiam* . . . 30

    5 non *sup. lin. hab. T*   7 est] esset *T*   armatis *T*   14
persuadere *Peyron* (*de T incertum*)   15 quod tamen] quoddam
Peyron : fort. quod tamquam   23 quidlibet *coni. Müller*   25-26
vel non . . . vel precario] *colon post* iudici potuerit (*v.* 24) *trans-
ferendum putat Müller*   30 licentiam *suppl. Peyron*

Multa desiderantur.

boni debent dicere. Atque ille legem mihi de xii tabulis 47
recitavit, quae permittit ut furem noctu liceat occidere et
luce, si se telo defendat, et legem antiquam de legibus sacra-
5 tis, quae iubeat inpune occidi eum qui tribunum pl. pulsa-
verit. Nihil, ut opinor, praeterea de legibus. Qua in re hoc 48
primum quaero, quid ad hoc iudicium recitari istas leges
pertinuerit. Num quem tribunum pl. servi M. Tulli pulsa-
verunt ? Non opinor. Num furatum domum P. Fabi noctu
10 venerunt ? Ne id quidem. Num luce furatum venerunt et
se telo defenderunt ? Dici non potest. Ergo istis legibus
quas recitasti certe non potuit istius familia servos M. Tulli
occidere. 'Non,' inquit, 'ad eam rem recitavi, sed ut hoc **2r**
intellegeres, non visum esse maioribus nostris tam indignum **49**
15 istuc nescio quid quam tu putas, hominem occidi.' At primum istae ipsae leges quas recitas, ut mittam cetera, signi-
ficant quam noluerint maiores nostri, nisi cum pernecesse
esset, hominem occidi. Ista lex sacrata est, quam rogarunt
armati, ut inermes sine periculo possent esse. Qua re non
20 iniuria, quo magistratu munitae leges sunt, eius magistratus
corpus legibus vallatum esse voluerunt. Furem, hoc est 50
praedonem et latronem, luce occidi vetant xii tabulae ; cum
intra parietes tuos hostem certissimum teneas, nisi se telo
defendit, inquit, etiam si cum telo venerit, nisi utetur telo eo
25 ac repugnabit, non occides ; quod si repugnat, 'ENDOPLO-
RATO,' hoc est conclamato, ut aliqui audiant et conveniant.
Quid ad hanc clementiam addi potest, qui ne hoc quidem
permiserint, ut domi suae caput suum sine testibus et arbitris
ferro defendere liceret ?
30   Quis est cui magis ignosci conveniat, quoniam me ad xii **22**
51

4 luce *Peyron* : luci *T* (*cf. vv.* 10, 22)   10 venerint *T* : *corr.*
Peyron   nuncluce *T* : *corr. Baier*   18 ista *Keller* : primum (*e v.* 15
repetitum) ista *T*   24 defenderit *Peyron* : defendet *Baiter*   **25**
quod si *Peyron* : quossi *T* : quid si *Madvig*   28 arbitriis *T* : *corr.*
Peyron

tabulas revocas, quam si quis quem imprudens occiderit?
Nemo, opinor. Haec enim tacita lex est humanitatis ut ab
homine consili, non fortunae poena repetatur.   Tamen
huiusce rei veniam maiores non dederunt.   Nam lex est in

Cod. T XII tabulis : SI TELVM MANV FVGIT MAGIS QVAM IĒCIT . . . 5
deficit
51   Si qui furem occiderit, iniuria occiderit.   Quam ob rem?
Quia ius constitutum nullum est.   Quid, si se telo defenderit? Non iniuria. Quid ita? Quia constitutum est.
Iulius Rufinianus (H. p. 40. 21).

Cod. **23** tamen per vim factum esset, tamen in eo ipso loco qui tuus 10
T 53
incipit esset, non modo servos M. Tulli occidere iure non potuisti
verum etiam, si tectum hoc insciente aut per vim demolitus
esses quod hic in tuo aedificasset et suum esse defenderet,
id vi aut clam factum iudicaretur.   Tu ipse iam statue quam
verum sit, cum paucas tegulas deicere impune familia tua 15
non potuerit, maximam caedem sine fraude facere potuisse.
Ego ipse tecto illo disturbato si hodie postulem, quod vi aut
clam factum sit, tu aut per arbitrum restituas aut sponsione
condemneris necesse est ; nunc hoc probabis viris talibus,
cum aedificium tuo iure disturbare non potueris quod esset, 20
quem ad modum tu vis, in tuo, homines qui in eo aedificio
24 fuerint te tuo iure potuisse occidere?   'At servus meus non
54
comparet, qui visus est cum tuis ; at casa mea est incensa
a tuis.'   Quid ad haec respondeam?   Ostendi falsa esse ;
verum tamen confitebor.   Quid postea?   Hoc sequitur, ut 25
familiam M. Tulli concidi oportuerit?   Vix me hercule ut
corium peti, vix ut gravius expostulari ; verum ut esses duris-
simus, agi quidem usitato iure et cotidiana actione potuit.
Quid opus fuit vi, quid armatis hominibus, quid caede, quid
55 sanguine?   'At enim oppugnatum me fortasse venissent.' 30

---

5 -gis quam iecit *suppl. Peyron (cf. Top.* 64)   6 quis *Baiter*   10
per vim *Beier*: verum *T*   esset] non modo servos *add. T (e v.* 11
geminatum) : *del. Beier*   16 potuisset *T* : *corr. Beier*   22
at] ad *T* (*ita mox*)   26 familia *T* : *corr. G. Müller*

Haec est illorum in causa perdita extrema non oratio neque
defensio, sed coniectura et quasi divinatio. Illi oppugnatum
venturi erant? quem? Fabium. Quo consilio? Vt occi-
derent. Quam ob causam? quid ut proficerent? qui com-
5 peristi? et ut rem perspicuam quam paucissimis verbis agam,
dubitari hoc potest, recuperatores, utri oppugnasse videantur,
qui ad villam venerunt, an qui in villa manserunt? qui occisi 56
sunt, an ei ex quorum numero saucius factus est nemo? qui
cur facerent, causa non fuit, an ei qui fecisse se confitentur?
10 Verum ut hoc tibi credam, metuisse te ne oppugnarere, quis
hoc statuit umquam, aut cui concedi sine summo omnium
periculo potest, ut eum iure potuerit occidere a quo metuisse
se dicat ne ipse posterius occideretur?

———

FRAGMENTA

15 I. *Illa superior species cum proposuerit quid conveniat, id
ipsum ad se inclinat, ut pro se faciat id quod adversarius confitetur, postea vero subiungit id quod sit in controversia. Fecit
hoc Cicero pro Tullio*: Dicam, *inquit*, vim factam a P. Fabi
familia, adversarii non negant. *Hic proposuit quod adver-
20 sarii fateantur; deinde ipsum pro se fecit dicendo*: Damnum
datum esse M. Tullio concedis; vici unam rem. *Item ad-
iunxit alteram partem, in qua confessionem docet, cum dicit*:
Vi hominibus armatis non negas; vici alteram. *Post, quid
in controversia sit proponit, cum dicit*: Dolo malo factum
25 negas; de hoc iudicium est. *Victorinus* (*H. p.* 209. 22).

Damnum datum Tullio et vi hominibus armatis et a fa-

---

8 qui] *fort.* quibus   9 fecissent *T*   10-13 quis hoc . . .
occideretur *hab. Quintil.* v. **13**. 21   11 statuit umquam *Quintil.* :
statutumquam *T*   12 ut eum] *hic desinit T*   21 posterius] prius
Capperonnier   23 vi] vim *Orelli*   armatis] factam *suppl. Baiter*

PRO M. TVLLIO ORATIO

milia P. Fabi constare dicit, in controversia autem esse an dolo malo damnum datum sit. Iulius Victor (H. p. 419. 24).

Damnum passum esse M. Tullium convenit mihi cum adversario, vi hominibus armatis rem gestam esse non infitiantur, a familia P. Fabi commissam negare non audent ; an dolo malo factum sit ambigitur. *Martianus Cap.* (*H. p.* 488. 23).

In obscuro genere quid facere debes ? Vt docilem facias auditorem, quod fecit in Tulliana : De hac re, *inquit,* iudicabitis. *Grillius* (*H. p.* 604. 26).

2. Explicavi *legimus, ut est apud Ciceronem pro M. Tullio. Diomedes* (*K.* i. *p.* 372. 21).

Cicero pro Tullio explicavit *ait. Macrobius de Differ.* (*K.* v. *p.* 607. 4).

3. *Voluntas legis quot modis consideratur ? Tribus . . . Quid tertio ? Cum exemplo multarum legum probamus praesentem quoque legem ita sentire ut nos defendimus, sicut M. Tullius fecit pro M. Tullio et pro A. Caecina. Fortunatianus* (*H. p.* 107. 22).

4. *Ab eventu in fine (argumenta ducuntur), ut M. Tullius Cicero* : Si iudicaveritis sine dolo malo posse familiam congregari, hominem occidi, omnibus facinorosis eandem licentiam permiseritis. *Iulius Victor* (*H. p.* 402. 20).

M. TVLLI CICERONIS

PRO M. FONTEIO ORATIO

SIGLA

P = Palimpsestus Vaticanus §§ 1-6 continens, a B. G.
    Niebuhr repertus

V = cod. tabularii Basilicanae Vaticanae H. 25, saecl. ix

Cus. = cod. Nicolai Cusani, saecl. xii, excerpta quaedam
    continens, ab I. Klein collatus

  χ = cod. S. Marci 254, Flor. Bibl. Nat. I. iv. 5 (Lag. 3)

  k = cod. Paris. 7779, A.D. 1459 scriptus

  l = cod. Arundel. 236 (Mus. Brit.)

  ς = codd. $\chi k l$

M. TVLLI CICERONIS
PRO M. FONTEIO ORATIO

I. *Excerpta Cusana.*

1. Illud vero quid est? quam habet in se rationem, quam consuetudinem, quam similitudinem veritatis? quod ratio, quod consuetudo, quod rei natura respuit, id credendumne est?

5 2. Numquid cuiquam iniquissimo disceptatori haec suspicio relinquenda est?

3. Quid potest auctoritatis habere testis in dicendo suo testimonio falsa veris miscens?

4. Hoc ipso argumento cetera testimonia repudiare de-
10 betis.

5. Latebra mendaci.

6. Cn. Pompeius eximia virtute et felicitate in Hispania bellum gessit.

7. Industria et studio.

15 8. Cn. Pompei, summi imperatoris et fortissimi viri, gestum est subsidiis.

9. Quid pugnant, quid struunt, quid nituntur?

Habet etiam cod. Cusanus § 2 non possum . . . velit : § 32 potestis . . . anteferre : § 40 frugi igitur . . . ac potestate : § 49 cuius (*sic*) vitae . . . gloria.

II. *Fragmenta Niebuhriana.*

. . . *o*portuisse an ita dissolvit ut omnes alii dissolverunt?[1]
Nam ita ego defendo M. Fonteium, iudices, itaque contendo[1]

---

1 quid est *Klotz* : quidem *Cus.* 7 dicendo *Meiser* : dividendo *Cus.* 18 sqq. *Veteris orthographiae vestigia quae in palimpsesto reperiuntur consulto omisi* 18 dissolverint *P* : *corr. Niebuhr*

post legem Valeriam latam . . . te . . . quaestore usque ad
T. Crispinum quaestorem aliter neminem solvisse; hunc
omnium superiorum, huius autem omnis qui postea fuerint
2 auctoritatem dico secutos. Quid accusas, quid reprendis?
Nam quod in tabulis dodrantariis et quadrantariis, quas ait 5
ab Hirtuleio institutas, Fontei officium desiderat, non possum
existimare utrum ipse erret an vos in errorem inducere velit.
Quaero enim abs te, M. Plaetori, possitne tibi ipsi probata
esse nostra causa, si, qua in re abs te M. Fonteius accusatur,
auctorem habet eum quem tu maxime laudas Hirtuleium; 10
qua in re autem laudas Hirtuleium, Fonteius idem fecisse
reperitur.　Reprehendis solutionis genus; eodem modo
Hirtuleium dissolvisse publicae tabulae coarguunt.　Laudas
illum quod dodrantarias tabulas instituerit; easdem Fonteius
instituit et eodem genere pecuniae.　Nam ne forte sis 15
nescius et istas tabulas existimes ad diversam veteris aeris
alieni rationem pertinere, ob unam causam et in uno genere
sunt institutae.　Nam cum publicanis qui Africam, qui
Aquileiense portorium . . .
2　　. . . cite . . . Nemo, nemo, inquam, iudices, reperietur 20
3 qui unum se in quaestura M. Fonteio nummum dedisse, aut
illum ex ea pecunia quae pro aerario solveretur detraxisse
dicat; nullius in tabulis ulla huius furti significatio, nullum
in eis nominibus intertrimenti aut deminutionis vestigium
reperietur. Atqui homines, si qui in hoc genere quaestionis 25
accusati sunt, reprehensos videmus primum testibus; difficile
est enim eum qui magistratui pecuniam dederit non aut
induci odio ut dicat aut cogi religione; deinde si qua gratia
testes deterrentur, tabulae quidem certe incorruptae atque
integrae manent.　Fac omnis amicissimos Fonteio fuisse, 30

1 latam] a Metello *suppl. Mommsen*　　6 possimus *Cus. m.* 1 :
corr. m. 2　　7 vos *P* : alios *Cus.*　inducere *Madvig* : induci (*ex* -ici)
Cus. : ducere *P*　　16 diversam *suppl. Niebuhr*　19 Aquilei.
Mommsen : Aquili. *P*　por *P* : *suppl. Niebuhr*　　20 cite] recitet
Niebuhr　　25 homines] omnes *Niebuhr*　in *sup. lin. hab. P*
26 accusati sunt *Madvig* : accusatos *P*

tantum hominum numerum ignotissimorum atque alienissi-
morum pepercisse huius capiti, consuluisse famae ; res ipsa
tamen ac ratio litterarum confectioque tabularum habet
hanc vim ut ex acceptis et datis quidquid fingatur, aut sur-
5 ripiatur, aut non constet, appareat. Acceptas populo Romano
pecunias omnis isti rettulerunt ; si protinus aliis aeque
magnas aut solverunt aut dederunt, ut, quod acceptum
populo Romano est, id expensum cuipiam sit, certe nihil
potest esse detractum. Sin aliquid domum tulerunt, ex
10 eorum arca, e ra . . .

Deorum hominumque fidem ! testis non invenitur in 3
ducentiens et triciens sestertio ! Quam multorum homi- 4
num ? Sescentorum amplius. Quibus in terris gestum
negotium est ? Illo, illo, inquam, loco quem videtis. Extra
15 ordinemne pecunia est data ? Immo vero nummus nu*l*lus
sine litteris multis commotus est. Quae est igitur is*t*a
accusatio, quae *f*acilius possit A*l*pis quam paucos aerari
gradus ascendere, diligentius Rutenorum quam populi Romani defendat aerarium, libentius ignotis quam notis utatur,
20 alienigenis quam domesticis testibus, planius se confirmare
crimen libidine barbarorum quam nostrorum hominum
litteris arbitretur ? Duorum magistratuum, quorum uterque 5
in pecunia maxima tractanda procurandaque versatus est,
triumviratus et quaesturae, ratio sic redditur, iudices, ut in
25 eis rebus quae ante oculos gestae sunt, ad mu*l*tos pertinue-
runt, confectae publicis privatisque tabulis sunt, nulla significatio furti, nulla alicuius delicti suspicio reperiatur. Hi- 6
spaniensis legatio consecuta est turbulentissimo rei publicae
tempore, cum adventu L. Sullae maximi exercitus in Italiam
30 cives vi dissiderent, *non* iudiciis ac legibus ; atque hoc rei
publicae statu desperato qualis . . .

9 aliqui *P*: *corr. Mommsen*   10 ra *P*: rationibus *Niebuhr* (ac-
cepti et expensi constabit *suppl. Mommsen*)   12 ducentis *P*: *corr.
Mommsen*   26 sint *P*: *corr. Niebuhr*   27 reperiatur *Madvig* :
referatur *P*: proferatur *Kayser*   29 Italia *Niebuhr*   30 cives vi
scripsi: civium *P*   non *suppl. Schenkl*

III. *Fragmenta ab aliis scriptoribus servata.*

4
7 Si nulla pecunia numerata est, cuius pecuniae quinquagesima est? (*Iulius Victor p.* 397. 18 *H.*)

8 Frumenti maximus numerus e Gallia, peditatus amplissimae copiae e Gallia, equites numero plurimi e Gallia. (*Aquila Rom. p.* 33. 14, *Mart. Cap. p.* 482. 2 *H.*)   5

Gallos post haec dilutius esse poturos, quod illi venenum
9 esse arbitrabuntur. (*Ammianus Marc.* xv. 12. 4.)

Plaetori matrem dum vixisset ludum, postquam mor
10 tua esset magistros habuisse. (*Quintilian* vi. 3. 51.)

IV. *Pars orationis in codice Vaticano et apographis
eius servata.*

5
11 . . . hoc praetore oppressam esse aere alieno Galliam. 10
A quibus versuras tantarum pecuniarum factas esse dicunt?
a Gallis? Nihil minus. A quibus igitur? A civibus Romanis qui negotiantur in Gallia. Cur eorum verba *non*
audimus? cur eorum tabulae nullae proferuntur? Insector
ultro atque insto accusatori, iudices; insector, inquam, et 15
flagito testis. Plus ego in hac causa laboris et operae consumo in poscendis testibus quam ceteri defensores in refutandis. Audaciter hoc dico, iudices, non temere confirmo.
Referta Gallia negotiatorum est, plena civium Romanorum.
Nemo Gallorum sine cive Romano quicquam negoti gerit, 20
nummus in Gallia nullus sine civium Romanorum tabulis
12 commovetur. Videte quo descendam, iudices, quam longe
videar ab consuetudine mea et cautione ac diligentia discedere. Vnae tabulae proferantur, in quibus vestigium sit
aliquod quod significet pecuniam *M.* Fonteio datam, unum 25

3 frumenti *om. Mart. Cap.*   7 arbitrabantur *codd. Ammiani*:
corr. Bentley   10 aere alieno ⌐: alieniso *V*   11 factas χ*l*: tactas
V: tractas *h*   13 non ⌐: *om. V*   16 flagitio *V*χ¹   18
audaciter *V*: audacter ⌐   24 unae ⌐: una *V*   25 M. *suppl.*
Baiter   unum ⌐: unam *V*

ex tot negotiatorum, colonorum, publicanorum, aratorum,
pecuariorum numero testem producant; vere accusatum
esse concedam. Pro di immortales! quae haec est causa,
quae defensio? Provinciae Galliae M. Fonteius praefuit,
5 quae constat ex eis generibus hominum et civitatum qui, ut
vetera mittam, partim nostra memoria bella cum populo
Romano acerba ac diuturna gesserunt, partim modo ab
nostris imperatoribus subacti, modo bello domiti, modo
triumphis ac monumentis notati, modo ab senatu agris
10 urbibusque multati sunt, partim qui cum ipso M. Fonteio
ferrum ac manus contulerunt multoque eius sudore ac
labore sub populi Romani imperium dicionemque ceciderunt. Est in eadem provincia Narbo Martius, colonia no- 13
strorum civium, specula populi Romani ac propugnaculum
15 istis ipsis nationibus oppositum et obiectum ; est item urbs
Massilia, de qua ante dixi, fortissimorum fidelissimorum-
que sociorum, qui Gallicorum bellorum pericula praecipuis
populi Romani praemiis compensarunt; est praeterea *maxi-*
mus numerus civium Romanorum atque *equitum*, hominum
20 honestissimorum. Huic provinciae quae ex hac generum **6**
varietate constaret M. Fonteius, ut dixi, praefuit ; qui erant
hostes, subegit, qui proxime fuerant, eos ex eis agris quibus
erant multati decedere coegit, ceteris qui idcirco magnis
saepe erant bellis superati ut semper populo Romano pare-
25 rent, magnos equitatus ad ea bella quae tum in toto orbe
terrarum a populo Romano gerebantur, magnas pecunias ad
eorum stipendium, maximum frumenti numerum ad Hi-
spaniense bellum tolerandum imperavit. Is qui gessit in 14

---

1 tot *Gulielmius* : toto *codd.* : tanto *Halm*   2 producant ς :
producantur *V*   3 est haec χ   7 partim *del. Madvig*   17
praecipuis p. R. praemiis *scripsi* : P. R. copiis . . r . mis *V*¹ : P. R.
copiisq ; remis *V*² (que *i. e.* quaere *omissum aliquid significat, cf.*
Mur. 51) : P. R. copiis remisque ς : populi Romani copiis atque
praemiis *Madvig*   18 compensarunt *V*   maximus *suppl. Hotoman*
19 atque *del. Hotoman*   equitum *supplevi* (i. e. *Gallicorum, cf* § 26,
Caes. B. G. vi. 15)   22 proximi *codd.* : *corr. Hotoman*   28
his qui *V*

iudicium vocatur, vos qui in re non interfuistis causam una
cum populo Romano cognoscitis, dicunt contra quibus invitissimis imperatum est, dicunt qui ex agris ex Cn.
Pompei decreto decedere sunt coacti, dicunt qui ex belli caede et
fuga nunc primum audent contra M. Fonteium inermem 5
consistere. Quid? coloni Narbonenses quid volunt, quid
existimant? Hunc per vos *salvum* volunt, se per hunc incolumis existimant esse. Quid Massiliensium civitas?
Hunc praesentem eis adfecit honoribus quos habuit amplissimos; vos autem absens orat atque obsecrat ut sua 10
religio, laudatio, auctoritas aliquid apud vestros animos mo-
15 menti habuisse videatur. Quid? civium Romanorum quae
voluntas est? Nemo est ex tanto numero quin hunc optime
de provincia, de imperio, de sociis et civibus meritum esse
7 arbitretur. Quoniam igitur, iudices, qui oppugnatum M. Fon- 15
teium cognostis, qui defensum velint, statuite nunc quid
vestra aequitas, quid populi Romani dignitas postulet, utrum
colonis vestris, negotiatoribus vestris, amicissimis atque anti-
quissimis sociis et credere et consulere malitis, an eis quibus
neque propter iracundiam fidem neque propter infidelitatem 20
16 honorem habere debetis. Quid? si maiorem etiam hominum
honestissimorum copiam adferam quae huius virtuti atque
innocentiae testimonio possit esse, tamenne plus Gallorum
consensio valebit quam summa auctoritas omnium? Cum
Galliae Fonteius praeesset, scitis, iudices, maximos populi 25
Romani exercitus in duabus Hispaniis clarissimosque imperatores fuisse. Quam multi equites Romani, quam multi
tribuni militum, quales et quot et quotiens legati ad eos

3 ex agris] agris *Schütz* ex *om. l*   4 belli *Madvig* : bello *codd.*
7 salvum *supplevi* se per *Naugerius* (1): semper *codd.* incolumem
codd. : *corr. Naugerius* (1)   13 quin ς : quia V   15 iudices
k : videtis *cett.* (*cf.* §§ 21, 42)   oppugnent χ*l, ed. R*   16 cognostis *post* velint hab. *k*   19 malitis an iis *k* : malitisanis *V* : an
adversariis χ*l*   22 adferam *Halm* : adferta *V* : affert χ*l* : affero *k*
quae] qui χ*l, ed. R*   23 possint *l. ed. R*   24 summa χ*l* : summae
Vk auctoritas *l, Angelius* : auctoritatis *cett.* omnium] hominum *k,*
Faernus

exierunt! Exercitus praeterea Cn. Pompei maximus atque
ornatissimus hiemavit in Gallia M. Fonteio imperante.
Satisne vobis multos, satis idoneos testis et conscios videtur
ipsa fortuna esse voluisse earum rerum quae M. Fonteio
5 praetore gererentur in Gallia ? Quem ex tanto hominum
numero testem in hac causa producere potestis ? quis est
ex eo numero qui vobis auctor placeat ? eo nos iam laudatore
et teste utemur. Dubitabitis etiam diutius, iudices, quin 17
illud quod initio vobis proposui verissimum sit, aliud per
10 hoc iudicium nihil agi nisi ut M. Fonteio oppresso testimoniis eorum quibus multa rei publicae causa invitissimis
imperata sunt, segniores posthac ad imperandum ceteri sint,
cum videatis eos oppugnare quibus *victoribus* populi Romani
imperium incolume esse non possit ?

15   Obiectum est etiam quaestum M. Fonteium ex viarum **8**
munitione fecisse, ut aut ne cogeret munire, aut id quod
munitum esset ne improbaret. Si et coacti sunt munire
omnes et multorum opera improbata sunt, certe utrumque
falsum est, et ob vacationem pretium datum, cum immunis
20 nemo fuerit, et ob probationem, cum multa improbata sint.
Quid ? si hoc crimen optimis nominibus delegare possimus, 18
et ita non ut culpam in alios transferamus, sed uti doceamus
eos isti munitioni praefuisse qui facile officium suum et
praestare et probare possunt, tamenne vos omnia in M.
25 Fonteium iratis testibus freti conferetis ? Cum maioribus
rei publicae negotiis M. Fonteius impediretur, et cum ad
rem publicam pertineret viam Domitiam muniri, legatis suis,
primariis viris, C. Annio Bellieno et C. Fonteio, negotium
dedit ; itaque praefuerunt ; imperaverunt pro dignitate sua

1 exierunt *suppl. Pluygers*   3 conscios ς : conscissos V   13
videatis V: videant ς   oppugnare V: oppugnari ς   victoribus
Niebuhr: oppressis χl : *om. Vk* : si cesseritis *Müller*   19 est et h :
esset V: esset et χl, *ed. R*   20 sint *ed. R* : sunt *codd.*   21 nomini-
bus] hominibus *Angelius*   denegare χl, *ed. R*   possumus l, *ed. R*
27 muniri *Hotoman* : munire *codd.*   29 sua] sua cuique *Sylvius*

quod visum est et probaverunt ; quod vos, si nulla alia ex
re, ex litteris quidem nostris quas exscripsistis et missis et
adlatis certe scire potuistis.   Quas si antea non legistis, nunc
ex nobis quid de eis rebus Fonteius ad legatos suos scripserit,
quid ad eum illi rescripserint, cognoscite. L. M. AD C. 5
ANNIVM LEG., AD C. FONTEIVM LEG., L. *A*. AB C. ANNIO
19 LEG., AB C. FONTEIO LEG.   Satis opinor esse perspicuum,
iudices, hanc rationem munitionis neque ad M. Fonteium
pertinere et ab eis esse tractatam quos nemo possit reprehendere.   10

9   Cognoscite nunc de crimine vinario, quod illi invidiosis-
simum et maximum esse voluerunt.   Crimen a Plaetorio,
iudices, ita constitutum est, M. Fonteio non in Gallia primum
venisse in mentem ut portorium vini institueret, sed hac
inita iam ac proposita ratione Roma profectum.   Itaque 15
Titurium Tolosae quaternos denarios in singulas vini
amphoras portori nomine exegisse; Croduni Porcium et
Munium ternos *et* victoriatum, Vulchalone Servaeum binos
et victoriatum ; atque in his locis ab eis portorium esse
exactum si qui Cobiomago—qui vicus inter Tolosam et 20
Narbonem est—deverterentur neque Tolosam ire vellent ;
Elesiodulis C. Annium senos denarios ab eis qui ad hostem
20 portarent exegisse.   Video, iudices, esse crimen et genere
ipso magnum—vectigal enim esse impositum fructibus nostris
dicitur, et pecuniam permagnam ratione ista cogi potuisse 25

2 quas exscripsistis *Faernus* : ex quas exscripsistis *V* : quas scri-
psistis ς, *ed. R*   5 ad Cannium (ad C. Cann *k²*) *Vk* : ad C. Can-
ninium χ : *corr. Angelius*   6 A. (*i. e.* adlatae) *suppl. Orelli*   ab
Müller : a *codd.*   C. Cannio *k* : Canninio *V*χ*l* : *corr. Angelius*   9
tractum *V¹* : tractatum *V²*   13 M. *k. Halm* : a *V*χ*l*   14 hac *V* :
om. ς   15 inita iam ac *Kayser* : in Italiam (-a ς) ac (hac χ*l, om. k*)
codd.   18 et *supplevi*   victoriatum *scripsi* : victoriatos m. *codd.* :
victoriatos *Angelius* : *del. Mommsen*   19 et victoriatos m. *codd.* :
corr. Mommsen (*mendum e duplici lectione* -os *et* -um *ortum*)   locis]
secrodunt (= scilicet Croduni et) Vulchalone *add. codd.* : *del. Vrsinus*
his *codd.* : *corr. Halm*   20 Cobiomacho (-ia- ς) *codd.* : *corr.
Mommsen*   21 devort. *V²*   22 Elesiodulis (*an* -duni?) C.
Annium . . . exegisse *Pantagathus* : elesioduluscantum . . . exegissent
codd

confiteor—et invidia vel *maximum*; maxime enim inimici
hanc rem sermonibus divolgare voluerunt. Sed ego ita
existimo, quo maius crimen sit id quod ostendatur esse
falsum, hoc maiorem ab eo iniuriam fieri qui id confingat.
5 Volt enim magnitudine rei sic occupare animos eorum qui
audiunt ut difficilis aditus veritati relinquatur.

DE CRIMINE VINARIO. DE BELLO VOCONTIORVM. DE
DISPOSITIONE HIBERNORVM.

'At hoc Galli negant.' At ratio rerum et vis argumen- ¹⁰
10 torum coarguit. Potest igitur testibus iudex non credere? ²¹
Cupidis et iratis et coniuratis et ab religione remotis non
solum potest sed etiam debet. Etenim si, quia Galli dicunt,
idcirco M. Fonteius nocens existimandus est, quid mihi
opus est sapiente iudice, quid aequo quaesitore, quid oratore
15 non stulto? dicunt enim Galli; negare non possumus. Hic
si ingeniosi et periti et aequi iudicis has partis esse existimatis ut, quoniam quidem testes dicunt, sine ulla dubitatione
credendum sit, Salus ipsa virorum fortium innocentiam tueri
non potest; sin autem in rebus iudicandis non minimam
20 partem *tenere* ad unam quamque rem aestimandam momen-
toque suo ponderandam sapientiam iudicis, *videte* ne multo
vestrae maiores gravioresque partes sint ad cogitandum quam
ad dicendum meae. Mihi enim semper una quaque de re ¹²
testis non solum semel verum etiam breviter interrogandus
25 est, saepe etiam non interrogandus, ne aut irato facultas ad
dicendum data aut cupido auctoritas attributa esse videatur;
vos et saepius eandem rem animis agitare et diutius uno
quoque de teste cogitare potestis et, si quem nos interrogare
noluimus, quae causa nobis tacendi fuerit existimare debetis.

1 invidiam *codd.*: *corr. Ernesti*   maximum *suppl. Pluygers*
2 divulgari *Pluygers*   7 Contionum *V*   9 at ratio *l, Faernus*:
atrio *V*: actio *ⵏ*   18 Salus *Manutius*: salus *priores*   20
tenere *supplevi*   aestimandam *Naugerius* (2): existimandam
codd.   21 sapientia *ⵏ*   iudicis *V*: iudicis tenet *χl*: iudicis
adhibetur *k*   videte *suppl. Faernus*   22 vostrae *V²*   sint *V*:
sunt *ⵏ*   25 est *Klotz*: et *codd.*: est et *Orelli*   28 quoque
suppl. ed. Hervag.   29 nolumus *ed. R*

Quam ob rem, si hoc iudici praescriptum lege aut officio
putatis, testibus credere, nihil est cur alius alio iudice
melior aut sapientior existimetur.   Vnum est enim et simplex
aurium iudicium et promisce et communiter stultis ac
23 sapientibus ab natura datum.   Quid est igitur ubi elucere 5
possit prudentia, ubi discerni stultus auditor et credulus ab
religioso et sapienti iudice ?   Nimirum illud in quo ea quae
dicuntur a testibus coniecturae et cogitationi traduntur,
quanta auctoritate, quanta animi aequitate, quanto pudore,
quanta fide, quanta religione, quanto studio existimationis 10
11 bonae, quanta cura, quanto timore dicantur.   An vero vos
id in testimoniis hominum barbarorum dubitabitis quod
persaepe et nostra et patrum memoria sapientissimi iudices
de clarissimis nostrae civitatis viris dubitandum non putaverunt ? qui Cn. et Q. Caepionibus, L. et Q. Metellis testi- 15
bus in Q. Pompeium, hominem novum, non crediderunt,
quorum virtuti, generi, rebus gestis fidem et auctoritatem in
testimonio cupiditatis atque inimicitiarum suspicio derogavit.
24 Ecquem hominem vidimus, ecquem vere commemorare
possumus parem consilio, gravitate, constantia, ceteris 20
virtutibus, honoris, ingeni, rerum gestarum ornamentis M.
Aemilio Scauro fuisse ?   Tamen huius cuius iniurati nutu
prope terrarum orbis regebatur iurati testimonio neque in
C. Fimbriam neque in C. Memmium creditum est ; noluerunt ei qui iudicabant hanc patere inimicitiis viam, quem 25
quisque odisset, ut eum testimonio posset tollere.   Quantus
in L. Crasso pudor fuerit, quod ingenium, quanta auctoritas,
quis ignorat ?   Tamen is cuius etiam sermo testimoni
auctoritatem habebat, testimonio ipso, quae in M. Marcellum
25 inimico animo dixit, probare non potuit.   Fuit, fuit illis 30

3 existimetur his *Vk* (*e duplici lectione* -tur *et* -tis)   4 promiscue
χ²*kl*   8 coniectura χ*l*   cogitationi *k, Hotoman*: cogitatione *cett.*
(*fort.* coniectura et cogitatione tractantur)   14 clariss. dubitandum
nostrae civ. viris dubitandum *V*   19 haec quem *V*: et quem ϛ :
corr. ed. R (*ita mox*)   vere] *fort.* fere   21 virtutis *Koch*
22 eius *Schütz*   25 ii] ·II· *V*   26 posset *kl, ed. R*: possit *V*χ

iudicibus divinum ac singulare, iudices, consilium, qui se
non solum de reo sed etiam de accusatore, de teste iudicare
arbitrabantur, quid fictum, quid fortuna ac tempore adlatum,
quid pretio corruptum, quid spe aut metu depravatum, quid
5 a cupiditate aliqua aut inimicitiis profectum videretur. Quae
si iudex non amplectetur omnia consilio, non animo ac
mente circumspiciet, si, ut quidque ex illo loco dicetur, ex
oraculo aliquo dici arbitrabitur, profecto satis erit, id quod
dixi antea, non surdum iudicem huic muneri atque officio
10 praeesse ; nihil erit quam ob rem ille nescio quis sapiens
homo ac multarum rerum peritus ad res iudicandas requira-
tur. An vero illi equites Romani quos nos vidimus, qui $\overset{12}{26}$
nuper in re publica iudiciisque maxime floruerunt, habuerunt
tantum animi, tantum roboris ut L. Crasso, M. Scauro testi
15 non crederent ; vos Volcarum atque Allobrogum testimoniis
non credere timetis? Si inimico testi credi non oportuit,
inimicior Marcello Crassus aut Fimbriae Scaurus ex civilibus
studiis atque obtrectatione domestica quam huic Galli?
quorum qui optima in causa sunt, equites, frumentum
20 pecuniam semel atque iterum ac saepius invitissimi dare
coacti sunt, ceteri partim ex veteribus bellis agro multati,
partim ab hoc ipso bello superati et oppressi. Si, qui ob 27
aliquod emolumentum suum cupidius aliquid dicere videntur,
eis credi non convenit, credo maius emolumentum Caepioni-
25 bus et Metellis propositum fuisse ex Q. Pompei damnatione,
cum studiorum suorum obtrectatorem sustulissent, quam
cunctae Galliae ex M. Fontei calamitate, in qua illa provincia prope suam immunitatem ac libertatem positam esse
arbitratur. An, si homines ipsos spectare convenit, id quod

1 iudices *l*, *Naugerius* (1) : iudicium (-ii *k*) *cett.*   2 reo] iudicium
(iud. facere *k*) *add. codd.* : *del. Naugerius* (1) de accusatore *del. Müller*
7 ut quidque] quicquam χ*l* : quidquid *Naugerius* (1)   9 iudicem
del. Madvig   13 maximis *codd.* : *corr. Klotz*   14 L. Crasso
M. Scauro *k* : L. Scauro *V* : M. Scauro χ   15 Vulgarum *V* :
Belgarum *ς* : *corr. Graevius*   19 optima *k* : optumo *V* : optumi χ*l*
20 saepius] semper *Mommsen*   27 illa χ*l, ed. R* : ille *Vk*

in teste profecto valere plurimum debet, non modo cum
summis civitatis nostrae viris sed cum infimo cive Romano
quisquam amplissimus Galliae comparandus est? Scit
Indutiomarus quid sit testimonium dicere? movetur eo
timore quo nostrum unus quisque, cum in eum locum pro- 5
13 ductus est? Recordamini, iudices, quanto opere laborare
28 soleatis non modo quid dicatis pro testimonio sed etiam
quibus verbis utamini, ne quod minus moderate positum, ne
quod ab aliqua cupiditate prolapsum verbum esse videatur ;
voltu denique laboratis ne qua significari possit suspicio 10
cupiditatis, ut et, cum proditis, existimatio sit quaedam
tacita de vobis pudoris ac religionis et, cum disceditis, ea
29 diligenter conservata ac retenta videatur. Credo haec eadem
Indutiomarum in testimonio timuisse aut cogitavisse, qui
primum illud verbum consideratissimum nostrae consue- 15
tudinis 'arbitror', quo nos etiam tunc utimur cum ea
dicimus iurati quae comperta habemus, quae ipsi vidimus,
ex toto testimonio su   sustulit atque omnia se 'scire' dixit.
Verebatur enim videlicet ne quid apud vos populumque
Romanum de existimatione sua deperderet, ne qua fama 20
consequeretur eius modi, Indutiomarum, talem virum, tam
cupide, tam temere dixisse ; non intellegebat se in testimonio nihil praeter vocem et os et audaciam neque civibus
30 suis neque accusatoribus nostris praestare debere. An vero
istas nationes religione iuris iurandi ac metu deorum immor- 25
talium in testimoniis dicendis commoveri arbitramini ? quae
tantum a ceterarum gentium more ac natura dissentiunt,
quod ceterae pro religionibus suis bella suscipiunt, istae
contra omnium religiones ; illae in bellis gerendis ab dis
immortalibus pacem ac veniam petunt, istae cum ipsis dis 30
14 immortalibus bella gesserunt. Hae sunt nationes quae
quondam tam longe ab suis sedibus Delphos usque ad

2 infimo χl : infirmo Vk   11 sit ed. R : sic χ : est Vk : om. l
12 et cum χl : at cum V : ac cum k   22 non] hoc Bake   23
vocem et del. Bake

Apollinem Pythium atque ad oraculum orbis terrae vexan-
dum ac spoliandum profectae sunt. Ab isdem gentibus
sanctis et in testimonio religiosis obsessum Capitolium est
atque ille Iuppiter cuius nomine maiores nostri vinctam
5 testimoniorum fidem esse voluerunt. Postremo his quic- 31
quam sanctum ac religiosum videri potest qui, etiam si
quando aliquo metu adducti deos placandos esse arbitrantur,
humanis hostiis eorum aras ac templa funestant, ut ne
religionem quidem colere possint, nisi eam ipsam prius
10 scelere violarint? Quis enim ignorat eos usque ad hanc
diem retinere illam immanem ac barbaram consuetudinem
hominum immolandorum? Quam ob rem quali fide, quali
pietate existimatis esse eos qui etiam deos immortalis
arbitrentur hominum scelere et sanguine facillime posse
15 placari? Cum his vos testibus vestram religionem coniunge-
tis, ab *his* quicquam sancte aut moderate dictum putabitis?
Hoc vestrae mentes tam castae, tam integrae sibi suscipient 32
ut, cum omnes legati nostri qui illo triennio in Galliam
venerunt, omnes equites Romani qui in illa provincia
20 fuerunt, omnes negotiatores eius provinciae, denique omnes
in Gallia qui sunt socii populi Romani atque amici, M.
Fonteium incolumem esse cupiant, iurati privatim et publice
laudent, vos tamen cum Gallis iugulare malitis? Quid ut
secuti esse videamini? voluntatemne hominum? gravior
25 igitur vobis erit hostium voluntas quam civium? An dignitatem testium? potestis igitur ignotos notis, iniquos aequis,
alienigenas domesticis, cupidos moderatis, mercennarios
gratuitis, impios religiosis, inimicissimos huic imperio ac
nomini bonis ac fidelibus et sociis et civibus anteferre?

4 vinctam ᛁ sanctam χ*l*   5 his] iis *kl*   quicquam χ²*kl*:
quisquam *V* χ¹   7 arbitrantur ᔓ, *ed. R* : arbitrabantur *V*   13
cos ᔓ : nos *V* : hos *Klotz*   14 scelere] caede *Pluygers*   16
ab his quicquam *ed. Hervag.* : ab quicquam *V* : aut his quicquam χ :
aut cuiusquam *k*   sancte aut moderate χ*l, ed. R* : sancta faui
moderatae *V* : sancte fieri moderate *k*   19 omnes in equites *V*
23 cum *om.* χ*l*   iugulare *Müller* : iurare *Vk* : credere χ*l* : peierare
Koch   28 ac nomini *om. Cus.*   29 ac fid. χ*l* : ad fid. *V* : et fid. *k*

15   An vero dubitatis, iudices, quin insitas inimicitias istae
33 gentes omnes et habeant et gerant cum populi Romani
nomine? Sic existimatis eos hic sagatos bracatosque versari, animo demisso atque humili, ut solent ei qui adfecti
iniuriis ad opem iudicum supplices inferioresque confugiunt? 5
Nihil vero minus. Hi contra vagantur laeti atque erecti
passim toto foro cum quibusdam minis et barbaro atque
immani terrore verborum ; quod ego profecto non crederem,
nisi aliquotiens ex ipsis accusatoribus vobiscum simul, iudices,
audissem, cum praeciperent ut caveretis ne hoc absoluto 10
34 novum aliquod bellum Gallicum concitaretur. Si M. Fonteium, iudices, in causa deficerent omnia, si turpi adulescentia,
vita infami, magistratibus quos ante oculos vestros gessit
male gestis, convictus virorum bonorum testimoniis, lega-
tionibus flagitiose obitis, invisus suis omnibus in iudicium 15
vocaretur, si in eo iudicio colonorum populi Romani Narbo-
nensium, fidelissimorum sociorum Massiliensium, civium
Romanorum omnium testimoniis tabulisque premeretur,
tamen esset vobis magno opere providendum ne, quos ita
adflictos a vestris patribus maioribusque accepissetis ut 20
contemnendi essent, eos pertimuisse et eorum minis et
35 terrore commoti esse videremini. Nunc vero cum laedat
nemo bonus, laudent omnes vestri cives atque socii, oppugnent idem qui saepissime hanc urbem et hoc imperium
oppugnarunt, cumque inimici M. Fontei vobis ac populo 25
Romano minentur, amici ac propinqui supplicent vobis,
dubitabitis non modo vestris civibus, qui maxime gloria ac
laude ducuntur, verum etiam exteris nationibus *et* gentibus
ostendere vos in sententiis ferendis civi parcere quam hosti
16 cedere maluisse? Magna me hercules causa, iudices, absolu- 30
36

3 eos hic *Naugerius* (1) : eosic *V* : eos sic χ*l* : eos *k*   4 animos *V*
demissos *V*¹   6 ii χ*l, ed. R*   erecti χ*l* : recti *Vk*   14 male gestis
suppl. Lambinus   convictus ⌐, *ed. R* : convictis *V*   virorum bon.
testimoniis *del. Madvig*   15 invitus *V* : invitis ⌐ : *corr. Manutius*
19 vobis] vel vobis *V*¹   24 idem *Müller* : id *V* : ii ⌐   28
et *l, Halm* : ac *suppl. Naugerius* (1)   30 mehercule ⌐

tionis cum ceteris causis haec est, ne quae insignis huic
imperio macula atque ignominia suscipiatur, si hoc ita per-
latum erit in Galliam, senatores equitesque populi Romani
non testimoniis Gallorum, sed minis commotos rem ad illo-
5 rum libidinem iudicasse.   Ita vero, si illi bellum facere
conabuntur, excitandus nobis erit ab inferis C. Marius qui
Indutiomaro isti minaci atque adroganti par in bello gerendo
esse possit, excitandus Cn. Domitius et Q. Maximus qui
nationem Allobrogum et *belli* reliquias suis iterum armis
10 conficiat atque opprimat, aut, quoniam id quidem non
potest, orandus erit nobis amicus meus, M. Plaetorius, ut
suos novos clientis a bello faciendo deterreat, ut eorum
iratos animos atque horribilis impetus deprecetur, aut, si non
poterit, M. Fabium, subscriptorem eius, rogabimus ut Allo-
15 brogum animos mitiget, quoniam apud illos Fabiorum nomen
amplissimum *est*.   Volunt isti aut quiescere, id quod victi
ac subacti solent, aut, cum minantur, intellegere se populo
Romano non metum belli sed spem triumphi ostendere?

Quod si in turpi reo patiendum non esset ut quicquam 37
20 isti se minis profecisse arbitrarentur, quid faciendum vobis
in M. Fonteio arbitramini? de quo homine, iudices—iam
enim mihi videor hoc prope causa duabus actionibus pero-
rata debere dicere—de quo vos homine ne ab inimicis
quidem ullum fictum probrorum non modo crimen sed ne
25 maledictum quidem audistis.   Ecquis umquam reus, praesertim in hac vitae ratione versatus, in honoribus petendis,
in potestatibus, in imperiis gerendis, sic accusatus est ut

1 quae *Halm* : que *V*: qua ς   3 senatores *Faernus* : senates
V : senatus (-um *k*) ς   5 lib.] lub. *V*²   7 belligerendo *V*¹ :
belligerando *V*²ς : corr. *Faernus*   8 Q. *k, Faernus* : O. *V*: *om.*
χ   9 belli *supplevi* (*cf. Prov. Cons.* 19, *Verr.* v. 39, *et ad Phil.* xiii. 2
et 47)   reliquas *Lambinus*   16 est *k* : *om. Vχl* (est ampl. *Halm*)
volunt] ut velint *Angelius*   18 triumphos (-is χ*l.* -i *k*) tendere
codd. : *corr. Naugerius* (2)   21 in χ*l* : de *k* : *om. V*   Fontei *V*
24 probrorum *scripsi* (*cf.* § 39): probrosum *codd.*   25 ecquis
(et- *kl*) ς : haec quis *V*   26 vorsatus *V*²   27 potestatibus
obtinendis *Mommsen*

nullum probrum, nullum facinus, nulla turpitudo quae
a libidine aut a petulantia aut ab audacia nata esset, ab
accusatore obiceretur, si non vera, at ficta cum aliqua
17 ratione ac suspicione?   M. Aemilium Scaurum, summum
38 nostrae civitatis virum, scimus accusatum a M. Bruto. Ex- 5
stant orationes, ex quibus intellegi potest multa in illum
ipsum Scaurum esse dicta, falso; quis negat? verum tamen
ab inimico dicta et obiecta. Quam multa M'. Aquilius
audivit in suo iudicio, quam multa L. Cotta, denique
P. Rutilius! qui, etsi damnatus est, mihi videtur tamen 10
inter viros optimos atque innocentissimos esse numerandus.
Ille igitur ipse homo sanctissimus ac temperantissimus multa
audivit in sua causa quae ad suspicionem stuprorum ac
39 libidinum pertinerent.   Exstat oratio hominis, ut opinio
mea fert, nostrorum hominum longe ingeniosissimi atque 15
eloquentissimi, C. Gracchi; qua in oratione permulta in
L. Pisonem turpia ac flagitiosa dicuntur. At in quem
virum! qui tanta virtute atque integritate fuit ut etiam illis
optimis temporibus, cum hominem invenire nequam neminem posses, solus tamen Frugi nominaretur. Quem cum 20
in contionem Gracchus vocari iuberet et viator quaereret,
quem Pisonem, quod erant plures: ‘cogis me,’ inquit,
‘dicere inimicum meum Frugi.’ Is igitur vir quem ne
inimicus quidem satis in appellando significare poterat, nisi
ante laudasset, qui uno cognomine declarabatur non modo 25
quis esset sed etiam qualis esset, tamen in falsam atque
40 iniquam probrorum insimulationem vocabatur; M. Fonteiu⸍
ita duabus actionibus accusatus est ut obiectum nihil sit quo
significari vestigium libidinis, petulantiae, crudelitatis, au-

                                                      t

2 lib.] lub. *V*   3 si vera non *V*   at ficta *k* : atdeficta (*ex* ad-
ficta *credo*) *V*: at tamen ficta χ*l* : at commode ficta *Halm*   8 M'.
Manutius : M. *codd.*   12 temperatissimus ⸎   13 ad libidinem
codd. : *corr. Faernus*   19 optumis *V*   21 iuberet et viator χ*l* :
iubertet vator *V* : iuberet viator *k*   24 in *del. Bake*   29 lib.]
lub. *V*¹

daciae possit ; non modo nullum facinus huius protulerunt
sed ne dictum quidem aliquod reprehenderunt. Quod si 18
aut quantam voluntatem habent ad hunc opprimendum aut
quantam ad male dicendum licentiam, tantum haberent aut
5 *ad* ementiendum animi aut ad fingendum ingeni, non meliore
fortuna ad probra non audienda M. Fonteius quam illi de
quibus antea commemoravi fuisset. Frugi igitur hominem,
iudices, frugi, inquam, et in omnibus vitae partibus modera-
tum ac temperantem, plenum pudoris, plenum offici, plenum
10 religionis videtis positum in vestra fide ac potestate, atque
ita ut commissus sit fidei, permissus potestati.

Videte igitur utrum sit aequius hominem honestissimum, 41
virum fortissimum, civem optimum dedi inimicissimis atque
immanissimis nationibus an reddi amicis, praesertim cum
15 tot res sint quae vestris animis pro huius innocentis salute
supplicent, primum generis antiquitas, quam Tusculo, ex
clarissimo municipio, profectam in monumentis rerum gestarum incisam ac notatam videmus, tum autem continuae prae-
turae, quae et ceteris ornamentis et existimatione innocentiae
20 maxime floruerunt, deinde recens memoria parentis, cuius
sanguine non solum Asculanorum manus, a qua interfectus
est, sed totum illud sociale bellum macula sceleris imbutum
est, postremo ipse cum in omnibus vitae partibus honestus
atque integer, tum in re militari cum summi consili et maximi
25 animi, tum vero usu quoque bellorum gerendorum in primis
eorum hominum qui nunc sunt exercitatus. Qua re si etiam 19
monendi estis a me, iudices, quod non estis, videor hoc leviter 42
pro mea auctoritate vobis praecipere posse, ut ex eo genere
homines quorum cognita virtus, industria, felicitas in re mili-

2 reprehenderint χ   4 aut ad ement. χ*l* : aut ement. *Vb*   6
probra non] probra nunc *l*, *ed. R*   audienda M. *Halm* : audien-
dam *V* : audienda ς   12 videte] vitę *V*   16 supplicem *V*
Tusculo *del. Bake*   20 maximae *V*   21 a qua . . . est *del.*
Pluygers   27 estis a me iudices *V* : estis a me χ*l* : estis iudices *b*
videor] iudices χ*l*, *ed. R*   leniter *b, Klotz*   28 mea] me *V*

tari sit diligenter vobis retinendos existimetis. Fuit enim
maior talium *tum* virorum in hac re publica copia; quae
cum esset, tamen eorum non modo saluti sed etiam honori
consulebatur. Quid nunc vobis faciendum est studiis mili-
taribus apud iuventutem obsoletis, *fortissimis* autem homi- 5
nibus ac summis ducibus partim aetate, partim civitatis
discordiis ac rei publicae calamitate consumptis, cum tot
bella aut a nobis necessario suscipiantur aut subito atque
improvisa nascantur? nonne et hominem ipsum ad dubia
rei publicae tempora reservandum et ceteros studio laudis 10
43 ac virtutis inflammandos putatis? Recordamini quos legatos
nuper in bello *Italico* L. Iulius, quos P. Rutilius, quos L. Cato,
quos Cn. Pompeius habuerit; scietis fuisse tum M. Cornutum,
L. Cinnam, L. Sullam, praetorios homines, belli gerendi peri-
tissimos; praeterea C. Marium, P. Didium, Q. Catulum, 15
P. Crassum, non litteris homines ad rei militaris scientiam,
sed rebus gestis ac victoriis eruditos. Age vero, nunc inferte
oculos in curiam, introspicite penitus in omnis rei publicae
partis; utrum videtis nihil posse accidere ut tales viri desi-
derandi sint, an, si acciderit, eorum hominum copia populum 20
Romanum abundare? Quae si diligenter attendetis, profecto, iudices, virum ad labores belli impigrum, ad pericula
fortem, ad usum ac disciplinam peritum, ad consilia pru-
dentem, ad casum fortunamque felicem domi vobis ac liberis
vestris retinere quam inimicissimis populo Romano nationi- 25
bus et crudelissimis tradere et condonare maletis.

20
44   At infestis prope signis inferuntur Galli in M. Fonteium
et instant atque urgent summo cum studio, summa cum
audacia. Video, iudices; sed multis et firmis praesidiis

1 enim] olim *Mommsen*   2 tum *supplevi*   5 fortissimis *suppl.*
hoc loco Müller (*post* hominibus *Orelli*)   autem V : aut χl : aut claris *k*
9 improviso *Lambinus*   12 Italico *supplevi*   17 inferte *l mg.*,
ed. R : inserite *cett.* (*cf. v. 27*)   25 populo R. *Klots* : rei p. *codd.*
26 condonare *k, Faernus* : condemnare $V\chi l$ maletis *kl, Naugerius*
(1) : malitis $V\chi l$ 27 at V : an χl : et *k*   inferuntur χl, *ed. R* :
inseruntur V : instruuntur *k*   Galli in M. *Halm* : Gallim V : Galli in ς
29 sed *Halm* : c. et V : et ς

vobis adiutoribus isti immani atque intolerandae barbariae
resistemus. Primum obicitur contra istorum impetus Macedonia, fidelis et amica populo Romano provincia ; quae cum
se ac suas urbis non solum consilio sed etiam manu M. Fontei
5 conservatam esse dicat, ut ipsa per hunc a Thraecum adventu
ac depopulatione defensa *est*, sic ab huius nunc capite Gallorum impetus terroresque depellit. Constituitur ex altera 45
parte ulterior Hispania, quae profecto *non* modo religione
sua resistere istorum cupiditati potest sed etiam sceleratorum
10 hominum periuria testimoniis ac laudationibus suis refutare.
Atque ex ipsa etiam Gallia fidelissima et gravissima auxilia
sumuntur. Venit huic subsidio misero atque innocenti
Massiliensium cuncta civitas, quae non solum ob eam causam
laborat ut huic, a quo ipsa servata est, parem gratiam referre
15 videatur sed etiam quod ea condicione atque eo fato se in
eis terris conlocatam esse arbitratur ne quid nostris hominibus istae gentes nocere possint. Propugnat pariter pro salute 46
M. Fontei Narbonensis colonia, quae per hunc ipsa nuper
obsidione hostium liberata nunc eiusdem miseriis ac periculis
20 commovetur. Denique ut oportet bello Gallico, ut maiorum
iura moresque praescribunt, nemo est civis Romanus qui sibi
ulla excusatione utendum putet ; omnes illius provinciae
publicani, agricolae, pecuarii, ceteri negotiatores uno animo
M. Fonteium atque una voce defendunt. Quod si tantas 21
25 auxiliorum nostrorum copias Indutiomarus ipse despexerit,
dux Allobrogum ceterorumque Gallorum, num etiam de
matris hunc complexu, lectissimae miserrimaeque feminae,
vobis inspectantibus avellet atque abstrahet ? praesertim cum
virgo Vestalis ex altera parte germanum fratrem complexa
30 teneat vestramque, iudices, ac populi Romani fidem im-
ploret ; quae pro vobis liberisque vestris tot annos in dis

4 manu M. *Halm*: manum *V* : manu 5   5 ut *om. V*¹   ipsa
scripsi (*cf vv.* 14, 18) : illa *codd.*   a Thraecum χ*l* : atgrecum *V* : a
Graecorum *k*   6 est *Faernus* : *om. V*χ : fuit *k*   8 non 5 : *om. V*
modo *V*χ*l*: solum *k*   14 referre *kl, ed. R* : referri *V*χ   16 iis
l, Manutius : his *cett.*   26 dux . . . Gallorum *del. Bake*   30 ac
populi R. 5 : a p. R. *V*

immortalibus placandis occupata est ut ea nunc pro salute
47 sua fratrisque sui animos vestros placare possit. Cui miserae
quod praesidium, quod solacium reliquum est hoc amisso?
Nam ceterae feminae gignere ipsae sibi praesidia et habere
domi fortunarum omnium socium participemque possunt; 5
huic vero virgini quid est praeter fratrem quod aut iucundum
aut carum esse possit? Nolite pati, iudices, aras deorum
immortalium Vestaeque matris cotidianis virginis lamenta-
tionibus de vestro iudicio commoneri; prospicite ne ille
ignis aeternus nocturnis Fonteiae laboribus vigiliisque ser- 10
vatus sacerdotis vestrae lacrimis exstinctus esse dicatur.
48 Tendit ad vos virgo Vestalis manus supplices easdem quas
pro vobis dis immortalibus tendere consuevit. Cavete ne
periculosum superbumque sit eius vos obsecrationem repudiare cuius preces si di aspernarentur, haec salva esse 15
non possent. Videtisne subito, iudices, virum fortissimum,
M. Fonteium, parentis et sororis commemoratione lacrimas
profudisse? Qui numquam in acie pertimuerit, qui se arma-
tus saepe in hostium manum multitudinemque immiserit,
cum in eius modi periculis eadem se solacia suis relinquere 20
arbitraretur quae suus pater sibi reliquisset, idem nunc con-
turbato animo pertimescit ne non modo ornamento et adiumento non sit suis sed etiam cum acerbissimo luctu dedecus
49 aeternum miseris atque ignominiam relinquat. O fortunam
longe disparem, M. Fontei, si deligere potuisses ut potius 25
telis tibi Gallorum quam periuriis intereundum esset! Tum
enim vitae socia virtus, mortis comes gloria fuisset; nunc
vero qui est dolor victoriae te atque imperi poenas ad eorum
arbitrium sufferre qui aut victi armis sunt aut invitissimi
paruerunt! A quo periculo defendite, iudices, civem fortem 30

3 solatium ς (*ita v.* 20)   reliquum *k*: relicum *V*: *om.* γ*l*   9
commoneri *V*: commoveri ς   11 vestrae] Vestae *ed. R*   12
tendit *kl, Faernus* : tendet *V*χ   16 possent ς : possunt *V*
21 perturbato χ   26 tum enim ς : tuam enim *V* · cuius *Cus.*
27 morti *Cus.*

atque innocentem; curate ut nostris testibus plus quam
alienigenis credidisse videamini, plus saluti civium quam
hostium libidini consuluisse, graviorem duxisse eius obsecrationem quae vestris sacris praesit quam eorum audaciam qui
5 cum omnium sacris delubrisque bella gesserunt.   Postremo
prospicite, iudices, id quod ad dignitatem populi Romani
maxime pertinet, ut plus apud vos preces virginis Vestalis
quam minae Gallorum valuisse videantur.

4 praeest *Madvig*   5 gesserint *Klotz* (*malo numero*)   7 ut
plus χ*l* : vitiis *V* : ut potius *k*

M. TVLLI CICERONIS

PRO P. SVLLA ORATIO

SIGLA

T = cod. Tegernseensis, saecl. xi

E = cod. Erfurtensis, saecl. xii/xiii (*continet* §§ 81–93. Lectiones aliquot e priore codicis parte, hodie deperdita, excerpserunt Gulielmius et Zinzerlingus).

e = cod. Palatinus 1525 A. D. 1467 *scriptus* (*desinit* § 43)

a = cod. Laur. (S. Crucis) xxiii. Sin. 3, saecl. xiv

p = cod. Palatinus 1820, A. D. 1394 scriptus

Σ = cod. Paris. 14749

g = cod. Paris. 16228

b = cod. S. Marci 255, Flor. Bibl. Nat. I. iv. 4

π = cod. Parcensis, nunc Bruxellensis 14492, saecl. xiv

χ = cod. S. Marci 254, Flor. Bibl. Nat. I. iv. 5

ψ = cod. Laur. (Gadd.) xc. sup. 69

c = cod. Oxon. Canonici 226

k = cod. Paris. 7779, A. D. 1459 scriptus

ς = codd. ck

Schol. = ~~Scholiasta~~ Bobiensis

M. TVLLI CICERONIS
PRO P. SVLLA ORATIO

Maxime vellem, iudices, ut P. Sulla et antea dignitatis **1**
suae splendorem obtinere et post calamitatem acceptam
modestiae fructum aliquem percipere potuisset. Sed quoniam ita tulit casus infestus ut in amplissimo honore cum
5 communi ambitionis invidia tum singulari Autroni odio
everteretur, et in his pristinae fortunae reliquiis miseris et
adflictis tamen haberet quosdam quorum animos ne supplicio
quidem suo satiare posset, quamquam ex huius incommodis
magnam animo molestiam capio, tamen in ceteris malis
10 facile patior oblatum mihi tempus esse in quo boni viri
lenitatem meam misericordiamque, notam quondam omnibus, nunc quasi intermissam agnoscerent, improbi ac perditi
cives domiti atque victi praecipitante re publica vehementem
me fuisse atque fortem, conservata mitem ac misericordem
15 faterentur. Et quoniam L. Torquatus, meus familiaris ac **2**
necessarius, iudices, existimavit, si nostram in accusatione
sua necessitudinem familiaritatemque violasset, aliquid se
de auctoritate meae defensionis posse detrahere, cum huius
periculi propulsatione coniungam defensionem offici mei.
20 Quo quidem genere non uterer orationis, iudices, hoc
tempore, si mea solum interesset; multis enim locis mihi
et data facultas est et saepe dabitur de mea laude dicendi;

2 obtineret *codd.* : *corr. Naugerius* (1)   3 percipere potuisset
T*Ec*: potuisset percipere *cett.*   4 in] et in *e* : et *Halm*   10
esse T*eπ*: *om. cett.*   11 quondam omnibus T*e* : omnibus quondam
cett.   13 domiti *scripsi* : re domiti T: redomiti *cett.* (re *ex* re p.
geminatum puto)   revicti *b²*, *Reid*   17 necessitudinem T*eb*:
necessitatem *cett.*   20 orationis non uterer *eπ*   21 mihi *hoc*
loco hab. T, *post* data *e*, *ante* locis *cett.*

sed, ut ille vidit, quantum de mea auctoritate deripuisset,
tantum se de huius praesidiis deminuturum, sic hoc ego
sentio, si mei facti rationem vobis constantiamque huius
offici ac defensionis probaro, causam quoque me P. Sullae
probaturum.   5

3   Ac primum abs te illud, L. Torquate, quaero, cur me a
ceteris clarissimis viris ac principibus civitatis in hoc officio
atque in defensionis iure secernas. Quid enim est quam ob
rem abs te Q. Hortensi factum, clarissimi viri atque ornatissimi, non reprehendatur, reprehendatur meum? Nam, si 10
est initum a P. Sulla consilium inflammandae huius urbis,
exstinguendi imperi, delendae civitatis, mihi maiorem hae
res dolorem quam Q. Hortensio, mihi maius odium adferre
debent, meum denique gravius esse iudicium, qui adiuvandus
in his causis, qui oppugnandus, qui defendendus, qui dese- 15
rendus esse videatur? 'Ita,' inquit; 'tu enim investigasti,
2 tu patefecisti coniurationem.' Quod cum dicit, non attendit
4 eum qui patefecerit hoc curasse, ut id omnes viderent quod
antea fuisset occultum. Qua re ista coniuratio, si patefacta
per me est, tam patet Hortensio quam mihi. Quem cum 20
videas hoc honore, auctoritate, virtute, consilio praeditum
non dubitasse quin innocentiam P. Sullae defenderet,
quaero cur qui aditus ad causam Hortensio patuerit mihi
interclusus esse debuerit; quaero illud etiam, si me, qui
defendo, reprehendendum putas esse, quid tandem de his 25
existimes summis viris et clarissimis civibus, quorum studio
et dignitate celebrari hoc iudicium, ornari causam, defendi
huius innocentiam vides. Non enim una ratio est defensionis ea quae posita est in oratione; omnes qui adsunt, qui

---

1 vidit *Teπ* : iudices *cett.*   2 deminuturum] speravit *add.* Σ *mg.* :
putavit (·tat ς ψ¹) *add.* b²ψ²ς   4 probavero *eπ*   10 reprehendatur
(*semel*) *ea*   11 huius urbis *Halm* : huius urbis huius *e* : huius
civitatis *T* : civitatis huius *cett.*   12 civitatis *e* : urbis *cett.*   michi
me *e* : mibine *Halm*   16 videtur *e*   21 hoc honore *Te* : honore
hoc *cett.*   22 innocentiam P. Sillae *e* : innocentem P. sillam (syllo
T) *cett.*   28 est *hoc loco hab.* T, *ante* una *e, post* una *cett.*   29
adsunt *edd. VR* : assunt *codd.*

laborant, qui salvum volunt, pro sua parte atque auctoritate
defendunt.   An vero, in quibus subselliis haec ornamenta 5
ac lumina rei publicae viderem, in his me apparere nollem,
cum ego illum in locum atque in hanc excelsissimam sedem
5 dignitatis atque honoris multis meis ac magnis laboribus et
periculis ascendissem ? Atque ut intellegas, Torquate, quem
accuses, si te forte id offendit quod ego, qui in hoc genere
quaestionis defenderim neminem, non desim P. Sullae,
recordare de ceteris quos adesse huic vides ; intelleges et
10 de hoc et de aliis iudicium meum et horum par atque unum
fuisse. Quis nostrum adfuit Vargunteio ? Nemo, ne hic 6
quidem Q. Hortensius, praesertim qui illum solus antea de
ambitu defendisset.   Non enim iam se ullo officio cum illo
coniunctum arbitrabatur, cum ille tanto scelere commisso
15 omnium officiorum societatem diremisset. Quis nostrum
Serv. Sullam, quis Publium, quis M. Laecam, quis C. Cornelium defendendum putavit, quis eis horum adfuit ? Nemo.
Quid ita ? Quia ceteris in causis etiam nocentis viri boni,
si necessarii sunt, deserendos esse non putant ; in hoc
20 crimine non solum levitatis est culpa verum etiam quaedam
contagio sceleris, si defendas eum quem obstrictum esse
patriae parricidio suspicere. Quid ? Autronio nonne sodales, 7
non conlegae sui, non veteres amici, quorum ille copia
quondam abundarat, non hi omnes qui sunt in re publica
25 principes defuerunt ?   Immo etiam testimonio plerique
laeserunt. Statuerant tantum illud esse maleficium quod
non modo non occultari per se sed etiam aperiri inlustrarique

    4 cum ego *cod. Halmii* : quorum ego (ope *add.* Σ *mg.*, auxilio *add.*
b²ψ�) *mei*   excelsissimam *e* : celsissimam *cett.*   5 atque]
et *e*   ac] et *T*   7 forte *e* : *om. cett.*   in *e* : *om. cett.*
10 aliis *Te* : ceteris *cett.*   12 Q. *om. e*   16 Publium] P. Lentulum ⑤ C. *suppl. Manutius*   17 iis horum *Garatoni* : horum
iis *πk* : his horum *cett.*   18 in ceteris *e*   19 deserendos *e* : defen-
dendos *cett.*   20 culpa est *Th* : culpa *e*   21 eum *om. T*   22
parricidio *TEean* : *om. cett.*   26 illud tantum *T*   27 modo non]
modo *e*

3 deberet. Quam ob rem quid est quod mirere, si cum isdem
me in hac causa vides adesse cum quibus in ceteris intellegis
afuisse ?   Nisi vero me unum vis ferum praeter ceteros, me
asperum, me inhumanum existimari, me singulari immanitate
8 et crudelitate praeditum.   Hanc mihi tu si propter meas 5
res gestas imponis in omni vita mea, Torquate, personam,
vehementer erras.   Me natura misericordem, patria severum,
crudelem nec patria nec natura esse voluit ; denique istam
ipsam personam vehementem et acrem quam mihi tum
tempus et res publica imposuit iam voluntas et natura ipsa 10
detraxit.   Illa enim ad breve tempus severitatem postulavit,
haec in omni vita misericordiam lenitatemque desiderat.
9 Qua re nihil est quod ex tanto comitatu virorum amplissi-
morum me unum abstrahas ; simplex officium atque una
bonorum est omnium causa.   Nihil erit quod admirere 15
posthac, si in ea parte in qua hos animum adverteris me
videbis.   Nulla est enim in re publica mea causa propria ;
tempus agendi fuit mihi magis proprium quam ceteris,
doloris vero et timoris et periculi fuit illa causa communis ;
neque enim ego tunc princeps ad salutem esse potuissem, si 20
esse alii comites noluissent.   Qua re necesse est, quod mihi
consuli praecipuum fuit praeter alios, id iam privato cum
ceteris esse commune.   Neque ego hoc partiendae invidiae,
sed communicandae laudis causa loquor ; oneris mei partem
10 nemini impertio, gloriae bonis omnibus.   'In Autronium 25
testimonium dixisti,' inquit ; ' Sullam defendis.'   Hoc totum
eius modi est, iudices, ut, si ego sum inconstans ac levis,
nec testimonio fidem tribui convenerit nec defensioni
auctoritatem ; sin est in me ratio rei publicae, religio privati

---

1 debet *e*   3 afuisse *Lambinus* : affuisse (abf. *b²c*χ) *codd.*   5
meas res *Te* : res meas *cett.*   6 mea vita *T*   Torq. personam
Te : personam Torq. *cett.*   8 nec natura nec patria *e*   15 bonorum
est *T* : bonorum *e* : est bonorum *cett.*   erit] est *eb¹k*   17
mea causa *Te* : causa mea *cett.*   18 mihi magis *Tb¹* : magis mihi
cett.   20 ego *Te* : om. *cett.*   tunc princeps *Tenk* : princeps tunc
cett.   27 sum *Teb¹* : sim *cett.*

offici, studium retinendae voluntatis bonorum, nihil minus
accusator debet dicere quam a me defendi Sullam, testimonio laesum esse Autronium.   Videor enim iam non solum
studium ad defendendas causas verum etiam opinionis
5 aliquid et auctoritatis adferre; qua ego et moderate utar,
iudices, et omnino non uterer, si ille me non coegisset.

Duae coniurationes abs te, Torquate, constituuntur, una **4**
11
quae Lepido et Volcatio consulibus patre tuo consule
designato facta esse dicitur, altera quae me consule; harum
10 in utraque Sullam dicis fuisse.   Patris tui, fortissimi viri
atque optimi consulis, scis me consiliis non interfuisse; scis
me, cum mihi summus tecum usus esset, tamen illorum
expertem temporum et sermonum fuisse, credo quod nondum
penitus in re publica versabar, quod nondum ad propositum
15 mihi finem honoris perveneram, quod me ambitio et
forensis labor ab omni illa cogitatione abstrahebat.   Quis 12
ergo intererat vestris consiliis?   Omnes hi quos vides huic
adesse et in primis Q. Hortensius; qui cum propter honorem
ac dignitatem atque animum eximium in rem publicam, tum
20 propter summam familiaritatem summumque amorem in
patrem tuum cum communibus tum praecipuis patris tui
periculis commovebatur.   Ergo istius coniurationis crimen
defensum ab eo est qui interfuit, qui cognovit, qui particeps
et consili vestri fuit et timoris; cuius in hoc crimine pro-
25 pulsando cum esset copiosissima atque ornatissima oratio,
tamen non minus inerat auctoritatis in ea quam facultatis.
Illius igitur coniurationis quae facta contra vos, delata ad
vos, a vobis prolata esse dicitur, ego testis esse non potui;
non modo animo nihil comperi, sed vix ad auris meas istius

2 testimonio *fort. delendum*
4 etiam *Teπ, Schol.* : *om. cett.*
moderate ego *cett.*   7 ab *e*
dicis *e*   14 praepositum *e*   15 me *Teπb²* : mea *cett.*   19
atque dignitatem ac animum extimumque in rem p. *e*   20 amorem
ec : honorem *cett.*   21 cum] tum πb⌐   26 auctoritatis inerat *eb*
29 animo *Teaπ, Schol.* : enim *cett.*   vix *om. Schol.*

3 iam *Teaπ, Schol.* : *om. cett.*
5 ego et moderate *Tz* : et
11 non interfuisse⌐ interfuisse

13 suspicionis fama pervenit.   Qui vobis in consilio fuerunt,
qui vobiscum illa cognorunt, quibus ipsis periculum tum
conflari putabatur, qui Autronio non adfuerunt, qui in illum
testimonia gravia dixerunt, hunc defendunt, huic adsunt, in
huius periculo declarant se non crimine coniurationis, ne 5
adessent ceteris, sed hominum maleficio deterritos esse. Mei
consulatus autem tempus et crimen maximae coniurationis
a me defendetur.   Atque haec inter nos partitio defensionis
non est fortuito, iudices, nec temere facta ; sed cum videremus eorum criminum nos patronos adhiberi quorum testes 10
esse possemus, uterque nostrum id sibi suscipiendum putavit
⁵ de quo aliquid scire ipse atque existimare potuisset.   Et
¹⁴ quoniam de criminibus superioris coniurationis Hortensium
diligenter audistis, de hac coniuratione quae me consule facta
est hoc primum attendite. 15

Multa, cum essem consul, de summis rei publicae periculis
audivi, multa quaesivi, multa cognovi ; nullus umquam de
Sulla nuntius ad me, nullum indicium, nullae litterae per-
venerunt, nulla suspicio.   Multum haec vox fortasse valere
deberet eius hominis qui consul insidias rei publicae consilio 20
investigasset, veritate aperuisset, magnitudine animi vindi-
casset, cum is se nihil audisse de P. Sulla, nihil suspicatum
esse diceret.   Sed ego nondum utor hac voce ad hunc
defendendum ; ad purgandum me potius utar, ut mirari
Torquatus desinat me qui Autronio non adfuerim Sullam 25
15 defendere.   Quae enim Autroni fuit causa, quae Sullae est ?
Ille ambitus iudicium tollere ac disturbare primum conflato
voluit gladiatorum ac fugitivorum tumultu, deinde, id quod
vidimus omnes, lapidatione atque concursu ; Sulla, si sibi

1 famam *Schol.* : fama non *Mai*   vobis] vobiscum (nob. *e*) *ebⲄ*
4 assunt *Teaπ*   8 haec (hic *e*) *Tenk* : *om. cett.*   defensionis *Tπ* :
om. cett.   16 summae *Lambinus*   18 indicium *ab²χψ¹* : iudicium *cett.*   19 nulla suspicio *del.* Mommsen (*cf.* § 20)   valere
deberet *Tea* : deberet valere *cett.*   22 is se *Te* : ipse *cett.*   23
utar *Teπ* : utor *cett.*   25 non affuerim *Teπ* : affuerim *ab¹* : ab-
fuerim *cett.*   26 fuit Autronii *Schol.*

suus pudor ac dignitas non prodesset, nullum auxilium
requisivit. Ille damnatus ita se gerebat non solum consiliis
et sermonibus verum etiam aspectu atque voltu ut inimicus
esse amplissimis ordinibus, infestus bonis omnibus, hostis
5 patriae videretur ; hic se ita fractum illa calamitate atque
adflictum putavit ut nihil sibi ex pristina dignitate superesse
arbitraretur, nisi quod modestia retinuisset. Hac vero in 16
coniuratione quid tam coniunctum quam ille cum Catilina,
cum Lentulo? quae tanta societas ullis inter se rerum
10 optimarum quanta ei cum illis sceleris, libidinis, audaciae ?
quod flagitium Lentulus non cum Autronio concepit ? quod
sine eodem illo Catilina facinus admisit ? cum interim Sulla
cum isdem illis non modo noctem solitudinemque non
quaereret sed ne mediocri quidem sermone et congressu
15 coniungeretur. Illum Allobroges, maximarum rerum veris- 17
simi indices, illum multorum litterae ac nuntii coarguerunt ;
Sullam interea nemo insimulavit, nemo nominavit. Postremo
eiecto sive emisso iam ex urbe Catilina ille arma misit,
cornua, tubas, fascis, signa, legiones, ille relictus intus,
20 exspectatus foris, Lentuli poena compressus convertit se
aliquando ad timorem, numquam ad sanitatem ; hic contra
ita quievit ut eo tempore omni Neapoli fuerit, ubi neque
homines fuisse putantur huius adfines suspicionis et locus
est ipse non tam ad inflammandos calamitosorum animos
25 quam ad consolandos accommodatus.

Propter hanc igitur tantam dissimilitudinem hominum 6
atque causarum dissimilem me in utroque praebui. Venie- 18
bat enim ad me et saepe veniebat Autronius multis cum
lacrimis supplex ut se defenderem, et se meum condisci-
30 pulum in pueritia, familiarem in adulescentia, conlegam in

3 atque] et *ec*   14 mediocriter *Reid*   16 iudices *ea*+Σ*b*[1]
19 tubes *Tb*[1] : tube *e*   fasces *e* : falces *cett.*   legiones]
del. Wolff (*malo numero*) : legionis *A. Augustinus* : *fort.* legionum
23 putant *e*   24 flammandos *e*   28 enim *om. Schol.*   29
discipulum *e*

quaestura commemorabat fuisse ; multa mea in se, non nulla
etiam sua in me proferebat officia. Quibus ego rebus, iudices,
ita flectebar animo atque frangebar ut iam ex memoria quas
mihi ipsi fecerat insidias deponerem, ut iam immissum esse
ab eo C. Cornelium qui me in meis sedibus, in conspectu 5
uxoris ac liberorum meorum trucidaret oblivisceret. Quae
si de uno me cogitasset, qua mollitia sum animi ac lenitate,
numquam me hercule illius lacrimis ac precibus restitissem ;
19 sed cum mihi patriae, cum vestrorum periculorum, cum
huius urbis, cum illorum delubrorum atque templorum, cum 10
puerorum infantium, cum matronarum ac virginum veniebat
in mentem, et cum illae infestae ac funestae faces univer-
sumque totius urbis incendium, cum tela, cum caedes, cum
civium cruor, cum cinis patriae versari ante oculos atque
animum memoria refricare coeperat, tum denique ei resiste- 15
bam, neque solum illi hosti ac parricidae sed his etiam
propinquis illius, Marcellis, patri et filio, quorum alter apud
me parentis gravitatem, alter fili suavitatem obtinebat ;
neque me arbitrabar sine summo scelere posse, quod maleficium in aliis vindicassem, idem in illorum socio, cum 20
20 scirem, defendere. Atque idem ego neque P. Sullam supplicem ferre, neque eosdem Marcellos pro huius periculis
lacrimantis aspicere, neque huius M. Messalae, hominis
necessarii, preces sustinere potui ; neque enim est causa
adversata naturae, nec homo nec res misericordiae meae 25
repugnavit. Nusquam nomen, nusquam vestigium fuerat,
nullum crimen, nullum indicium, nulla suspicio. Suscepi

---

2 sua in me etiam *e*   3 iam *Te* : etiam *cett.*   4 ipse *T¹b*
5 meis sedibus *e* : sedibus meis *cett.* : meis aedibus *Lambinus*
6 uxoris *Te* : uxoris meae *cett.*   7 lenitate *aπb²χψk* : levitate *cett.*
13 cum tela *om. T*   19 neque enim me *Müller*   22 eosdem]
hos *T*   pro huius *Eeaπ* : pro *T* : *om. cett.*   periculis lacrim.
aspicere *TEe* : *om. cett.*   23 neque huius *om. aπ*   Messallae
Lambinus (*cf. Sex. Rosc.* 149)   24 est *om. Te* (causae adv. naturae
est *Madvig*)   25 nec res nec homo *e*   27 nulla suspicio *Ee* :
om. cett.

causam, Torquate, suscepi, et feci libenter ut me, quem boni
constantem, ut spero, semper existimassent, eundem ne
improbi quidem crudelem dicerent.

Hic ait se ille, iudices, regnum meum ferre non posse. **7**
5 Quod tandem, Torquate, regnum? Consulatus, credo, mei ;   21
in quo ego imperavi nihil et contra patribus conscriptis et
bonis omnibus parui ; quo in magistratu non institutum est
videlicet a me regnum, sed repressum. An tum in tanto
imperio, tanta potestate non dicis me fuisse regem, nunc
10 privatum regnare dicis? quo tandem nomine? 'Quod, in
quos testimonia dixisti,' inquit, 'damnati sunt ; quem defendis, sperat se absolutum iri.' Hic tibi ego de testimoniis
meis hoc respondeo, si falsum dixerim, te in eosdem dixisse ;
sin verum, non esse hoc regnare, cum verum iuratus dicas,
15 probare. De huius spe tantum dico, nullas a me opes
P. Sullam, nullam potentiam, nihil denique praeter fidem
defensionis exspectare. 'Nisi tu,' inquit, 'causam rece- 22
pisses, numquam mihi restitisset, sed indicta causa profu-
gisset.' Si iam hoc tibi concedam, Q. Hortensium, tanta
20 gravitate hominem, si hos talis viros non suo stare iudicio,
sed meo ; si hoc tibi dem quod credi non potest, nisi ego
huic adessem, hos adfuturos non fuisse, uter tandem rex
est, isne cui innocentes homines non resistunt, an is qui
calamitosos non deserit? At hic etiam, id quod tibi necesse
25 minime fuit, facetus esse voluisti, cum Tarquinium et Numam
et me tertium peregrinum regem esse dixisti. Mitto iam de
rege quaerere ; illud quaero peregrinum cur me esse dixeris.
Nam si ita sum, non tam est admirandum regem esse me,

---

6 et] sed *b*²   8 videlicet a me *e* : a me iudices *cett.*   repressum *e* : repulsum *b*²ψ² : non permissum Σ*b*¹*k*, *p mg.*: promissum *cett.*
8 tum] tu *ne, Schol.*   9 tanta *mei, Schol.* : tantaque *Mai* (sil.)
dices *Schol.*   me *Ten, Schol.* : *om. cett.*   10 dices *Stangl*   13
respondebo *T*   eosdem *e, Schol.* : eos *cett.*   14 iuratus *Teb*¹,
Schol. : iuratos *cett.*   16 nullam *om. Tea*   praeter] propter *T*
19 iam tibi hoc *eπ*   20 gravitate tanta *e*   21 dem *Naugerius* (1) :
idem *codd.*   24 minime tibi necesse *e*   28 me esse *e*

quoniam, ut tu ais, duo iam peregrini reges Romae fuerunt,
quam consulem Romae fuisse peregrinum. 'Hoc dico,'
23 inquit, 'te esse ex municipio.' Fateor et addo etiam : ex
eo municipio unde iterum iam salus huic urbi imperioque
missa est. Sed scire ex te pervelim quam ob rem qui ex 5
municipiis veniant peregrini tibi esse videantur. Nemo
istuc M. illi Catoni seni, cum plurimos haberet inimicos,
nemo Ti. Coruncanio, nemo M'. Curio, nemo huic ipsi
nostro C. Mario, cum ei multi inviderent, obiecit umquam.
Equidem vehementer laetor eum esse me in quem tu, cum 10
cuperes, nullam contumeliam iacere potueris quae non ad
8 maximam partem civium conveniret. Sed tamen te a me
pro magnis causis nostrae necessitudinis monendum esse
etiam atque etiam puto. Non possunt omnes esse patricii ;
si verum quaeris, ne curant quidem ; nec se aequales tui 15
24 propter istam causam abs te anteiri putant. Ac si tibi nos
peregrini videmur, quorum iam et nomen et honos invete-
ravit et urbi huic et hominum famae ac sermonibus, quam
tibi illos competitores tuos peregrinos videri necesse erit qui
iam ex tota Italia delecti tecum de honore ac de omni 20
dignitate contendent ! Quorum cave tu quemquam peregrinum appelles, ne peregrinorum suffragiis obruare. Qui
si attulerint nervos et industriam, mihi crede, excutient tibi
istam verborum iactationem et te ex somno saepe excitabunt
nec patientur se abs te, nisi virtute vincentur, honore supe- 25
25 rari. Ac si, iudices, ceteris patriciis me et vos peregrinos
videri oporteret, a Torquato tamen hoc vitium sileretur ; est

1 quoniam *Te* : quia *cett.*   ais *T* : agis *e* : vis *cett.*   duo iam *scripsi* :
etiam (*ex* ·11· iam *credo, cf. Font.* 24, *Rab. Post.* 31) *codd.* : iam *Müller*
3 esse e *Schol.*   4 eo *om. Tb¹*   6 nemo *e, Schol.* : nemo
enim *cett.*   illi *om. Schol.*   8 Ti. *Teag, Schol.* : T. *cett.*   M' Curio
Schol., Manutius : Curio *πc, ed. V* : Curioni *cett.*   12 pertineret *πb²c*
16 at *b¹c*   17 iam et] iam *ec*   18 urbi huic *Te* : huic urbi *cett.*
hominum *om. e*   20 ac de *Te* : et de *cett.*   21 contendent *Te* :
certabunt *c* : contendunt *cett.*   tu cave *e*   23 si] si ita *e*   26
ac] at *eb¹c, ed. V*   ceteris *om. e*   27 hoc convicium
Gulielmius

enim ipse a materno genere municipalis, honestissimi ac
nobilissimi generis, sed tamen Asculani.   Aut igitur doceat
Picentis solos non esse peregrinos aut gaudeat suo generi
me meum non anteponere.   Qua re neque tu me peregrinum
5 posthac dixeris, ne gravius refutere, neque regem, ne deri-
deare.   Nisi forte regium tibi videtur ita vivere ut non modo
homini nemini sed ne cupiditati quidem ulli servias, contemnere omnis libidines, non auri, non argenti, non ceterarum rerum indigere, in senatu sentire libere, populi utilitati
10 magis consulere quam voluntati, nemini cedere, multis obsi-
stere.   Si hoc putas esse regium, regem me esse confiteor ;
sin te potentia mea, si dominatio, si denique aliquod dictum
adrogans aut superbum movet, quin tu id potius profers
quam verbi invidiam contumeliamque maledicti ?

15   Ego, tantis a me beneficiis in re publica positis, si nullum $^{9}_{26}$
aliud mihi praemium ab senatu populoque Romano nisi
honestum otium postularem, quis non concederet ?   *Ceteri*
sibi haberent honores, sibi imperia, sibi provincias, sibi
triumphos, sibi alia praeclarae laudis insignia ; mihi liceret
20 eius urbis quam conservassem conspectu tranquillo animo
et quieto frui.   Quid si hoc non postulo ? si ille labor meus
pristinus, si sollicitudo, si officia, si operae, si vigiliae deser-
viunt amicis, praesto sunt omnibus ; si neque amici in foro
requirunt studium meum neque res publica in curia ; si me
25 non modo non rerum gestarum vacatio sed neque honoris
neque aetatis excusatio vindicat a labore ; si voluntas mea,
si industria, si domus, si animus, si aures patent omnibus ;
si mihi ne ad ea quidem quae pro salute omnium gessi
recordanda et cogitanda quicquam relinquitur temporis :

1 a *om. Schol.*   3   esse non *ε*   4 non anteponere *Tπ* :
ante non ponere (*cf. Off.* iii. 71) *cett.* (*meliore numero*)   9 magis
utilitati *ε*   11 regium] regnum *πb¹gc²k*   regem me esse *T*: me
regem esse *cett.*   16 ab *Tε, Schol.* : a *cett.*   17 ceteri *supplevi*
18 haberent] haberent alii *Sylvius*   25 modo non] modo *ς*
vocatio *εα*

tamen hoc regnum appellabitur, cuius vicarius qui velit esse
27 inveniri nemo potest? Longe abest a me regni suspicio;
si quaeris qui sint Romae regnum occupare conati, ut ne
replices annalium memoriam, ex domesticis imaginibus
invenies. Res enim gestae, credo, meae me nimis extule- 5
runt ac mihi nescio quos spiritus attulerunt. Quibus de
rebus tam claris, tam immortalibus, iudices, hoc possum
dicere, me qui ex summis periculis eripuerim urbem hanc
et vitam omnium civium satis adeptum fore, si ex hoc tanto
in omnis mortalis beneficio nullum in me periculum re- 10
28 dundarit. Etenim in qua civitate res tantas gesserim memini,
in qua urbe verser intellego. Plenum forum est eorum
hominum quos ego a vestris cervicibus depuli, iudices, a
meis non removi. Nisi vero paucos fuisse arbitramini qui
conari aut sperare possent se tantum imperium posse delere. 15
Horum ego faces eripere de manibus et gladios extorquere
potui, sicuti feci, voluntates vero consceleratas ac nefarias
nec sanare potui nec tollere. Qua re non sum nescius
quanto periculo vivam in tanta multitudine improborum,
cum mihi uni cum omnibus improbis aeternum videam 20
10 bellum esse susceptum. Quod si illis meis praesidiis forte
29 invides, et si ea tibi regia videntur quod omnes boni omnium
generum atque ordinum suam salutem cum mea coniungunt,
consolare te quod omnium mentes improborum mihi uni
maxime sunt infensae et adversae ; qui me non modo idcirco 25
oderunt quod eorum conatus impios et furorem conscele-
ratum repressi, sed eo etiam magis quod nihil iam se simile
30 me vivo conari posse arbitrantur. At vero quid ego mirer,

2 a me *Ee* : om. *cett.*   3 sin *e*   8 periculis erip. *Te* : erip. periculis *cett.*   10 me] me ipsum *e*   redundarit *TEe* : redundabit
cett.   11 rem tantam *Schol.*   12 in qua *b¹k, Schol.* : et in qua
(qua in *T*) *cett.*   verser (-or *π*) *TEeπ, Schol.* : om. *cett.*   13
repuli *eψ⁷c*   17 sicuti *Te* : sicut *cett.*   21 esse bellum susceptum
T: bellum susceptum esse *e*   25 non modo *ψ³* : non solum *πχ ψ¹ς* :
non modo solum *cett.* (mō *post* nō *omissum turbas dedit*)   27 magis
etiam *e*   iam om. *e*   28 ac *T*   mirer *Te* : miror *cett.*

si quid ab improbis de me improbe dicitur, cum L. Torquatus primum ipse his fundamentis adulescentiae iactis, ea spe
proposita amplissimae dignitatis, deinde L. Torquati, fortissimi consulis, constantissimi senatoris, semper optimi civis
5 filius, interdum efferatur immoderatione verborum? Qui
cum suppressa voce de scelere P. Lentuli, de audacia coniuratorum omnium dixisset, tantum modo ut vos qui ea
probatis exaudire possetis, de supplicio, de carcere magna
et queribunda voce dicebat. In quo primum illud erat 31
10 absurdum quod, cum ea quae leviter dixerat vobis probare
volebat, eos autem qui circum iudicium stabant audire nole-
bat, non intellegebat ea quae clare diceret ita illos audituros
quibus se venditabat ut vos quoque audiretis, qui id non
probabatis. Deinde alterum iam oratoris *est* vitium non
15 videre quid quaeque causa postulet. Nihil est enim tam
alienum ab eo qui alterum coniurationis accuset quam videri
coniuratorum poenam mortemque lugere. Quod cum is
tribunus pl. facit qui unus videtur ex illis ad lugendos con-
iuratos relictus, nemini mirum est; difficile est enim tacere,
20 cum doleas; te, si quid eius modi facis, non modo talem
adulescentem sed in ea causa in qua te vindicem coniurationis velis esse vehementer admiror. Sed reprehendo tamen 32
illud maxime quod isto ingenio et prudentia praeditus
causam rei publicae non tenes, qui arbitrere plebi Romanae
25 res eas non probari quas me consule omnes boni pro communi salute gesserunt. Ecquem tu horum qui adsunt, 11
quibus te contra ipsorum voluntatem venditabas, aut tam
sceleratum statuis fuisse ut haec omnia perire voluerit, aut

2 his fund. ipse *e*   6 P. Lentuli *del. Garatoni*   8 supplicio]
de Lentulo *add. Tea* : P. Lentuli *add. cett., del. Halm* (de laqueo *Reid*)
9 erat illud *T*   10 leniter *Sylvius*   11 autem *om. T*   14
probabitis *Tan*   est *suppl. Reid*   15 quod *T*   19 nemini *Te,
Schol.* : re . . . . . . *a* Σ*gp* : vere π : nec . . . . . . χ¹*c* : nec (neque *k*)
hoc χ²c²*k*   20 facis eius modi *e*   25 comm. salute *c, Lag.* 9 : salute
comm. *cett.*   26 et quem *codd.* : *corr. ed. Crat.*   adsunt *bχc* :
assunt *cett.*   28 omnia] omni *T* : om. *e*   voluerit]*fort.* se salvo
voluerit (*colon numero carrt*)

tam miserum ut et se perire cuperet et nihil haberet quod
salvum esse vellet? An vero clarissimum virum generis
vestri ac nominis nemo reprehendit, qui filium suum vita
privavit ut in ceteros firmaret imperium; tu rem publicam
reprehendis, quae domesticos hostis, ne ab eis ipsa necaretur, 5
33 necavit? Itaque attende, Torquate, quam ego defugiam
auctoritatem consulatus mei! Maxima voce ut omnes
exaudire possint dico semperque dicam. Adeste omnes
animis, Quirites, quorum ego frequentia magno opere laetor;
erigite mentis aurisque vestras et me de invidiosis rebus, ut 10
ille putat, dicentem attendite! Ego consul, cum exercitus
perditorum civium clandestino scelere conflatus crudelissi-
mum et luctuosissimum exitium patriae comparasset, cum
ad occasum interitumque rei publicae Catilina in castris, in
his autem templis atque tectis dux Lentulus esset constitutus, 15
meis consiliis, meis laboribus, mei capitis periculis, sine
tumultu, sine dilectu, sine armis, sine exercitu, quinque
hominibus comprehensis atque confessis incensione urbem,
internicione civis, vastitate Italiam, interitu rem publicam
liberavi; ego vitam omnium civium, statum orbis terrae, 20
urbem hanc denique, sedem omnium nostrum, arcem regum
ac nationum exterarum, lumen gentium, domicilium imperi,
34 quinque hominum amentium ac perditorum poena redemi.
An me existimasti haec iniuratum in iudicio non esse dictu-
12 rum quae iuratus in maxima contione dixissem? Atque etiam 25
illud addam, ne qui forte incipiat improbus subito te amare,
Torquate, et aliquid sperare de te, atque ut idem omnes
exaudiant clarissima voce dicam. Harum omnium rerum
quas ego in consulatu pro salute rei publicae suscepi atque

---

4 ceteros *e, Schol.* : ceteris *cett.*   5 iis *k* : his *cett.*   6 attende
Te : attende iam *cett.*   8 adeste *Teπ* : adestote *cett.*   9 Quirites
scripsi : qui adestis (corpore *add. p. mg.*, corporibus *add. Σ mg.*,
b¹k) *codd.* : qui adstatis *Reid* (*nota q̃ turbas dedit, cf. Phil.* iv. 1)
15 atque] ac *e*   17 dilectu *eπ* : delectu *cett.*   18 confessis *Teaπ* :
confossis *cett.*   27 ut id *Reid*   29 salute rei p. *Te* : communi
salute *Σ* : salute *agχc* : salute communi *bpk*   atque *Teg* : et *cett.*

gessi L. ille Torquatus, cum esset meus contubernalis in
consulatu atque etiam in praetura fuisset, cum princeps, cum
auctor, cum signifer esset iuventutis, actor, adiutor, particeps
exstitit; parens eius, homo amantissimus patriae, maximi
5 animi, summi consili, singularis constantiae, cum esset aeger,
tamen omnibus rebus illis interfuit, nusquam est a me
digressus, studio, consilio, auctoritate unus adiuvit plurimum, cum infirmitatem corporis animi virtute superaret.
Videsne ut eripiam te ex improborum subita gratia et recon- 35
10 ciliem bonis omnibus? qui te et diligunt et retinent retine-
buntque semper nec, si a me forte desciveris, idcirco te a se
et a re publica et a tua dignitate deficere patientur. Sed
iam redeo ad causam atque hoc vos, iudices, testor : mihi
de memet ipso tam multa dicendi necessitas quaedam im-
15 posita est ab illo. Nam si Torquatus Sullam solum accu-
sasset, ego quoque hoc tempore nihil aliud agerem nisi eum
qui accusatus esset defenderem ; sed cum ille tota illa oratione in me esset invectus et cum, ut initio dixi, defensionem
meam spoliare auctoritate voluisset, etiam si dolor meus
20 respondere non cogeret, tamen ipsa causa hanc a me orationem flagitavisset.

    Ab Allobrogibus nominatum Sullam esse dicis. Quis **13**
negat? Sed lege indicium et vide quem ad modum nomi- 36
natus sit. L. Cassium dixerunt commemorasse cum ceteris
25 Autronium secum facere. Quaero num Sullam dixerit Cassius. Nusquam. Sese aiunt quaesisse de Cassio quid Sulla
sentiret. Videte diligentiam Gallorum ; qui vitam hominum

---

    1 in consulatu *e* : *post* consulatu *colon* pro salute . . . consulatu *repetit*
T : in consulatu cum signifer esset iuventutis *cett.*   2 cum princeps
. . . iuventutis *post* exstitit *hab. codd.* : *huc transtuli*   3 actor *Orelli* :
auctor *codd.* (*cf. Sest.* 61)   6 nusquam *Te* : numquam *cett.*   8
virtute animi *e*   11 forte a me *en*   12 tua] sua *Teangb*[1]   17
orat. illa *e*   ut initio *Te* : initio ut *cett.*   19 spoliare auct *Te* :
auct. spoliare *cett.*   19 meus dolor *e* : dolor me meus *Orelli*
21 flagitavisset *Ten* : flagitasset *cett.*   22 ab *ec*[2], *Schol.* : om. *cett.*
23 sed lege *TEe* : Sullae *cett.*   indic. *Taχc* : iudic. *cett.*

naturamque non nossent ac tantum audissent eos pari calamitate esse, quaesiverunt essentne eadem voluntate. Quid tum
Cassius? Si respondisset idem sentire et secum facere Sullam,
tamen mihi non videretur in hunc id criminosum esse debere.
Quid ita? Quia, qui barbaros homines ad bellum impelleret, 5
non debebat minuere illorum suspicionem et purgare eos de
37 quibus illi aliquid suspicari viderentur. Non respondit tamen
una facere Sullam. Etenim esset absurdum, cum ceteros
sua sponte nominasset, mentionem facere Sullae nullam nisi
admonitum et interrogatum; nisi forte veri simile est P. Sullae 10
nomen in memoria Cassio non fuisse. Si nobilitas hominis,
si adflicta fortuna, si reliquiae pristinae dignitatis non tam
inlustres fuissent, tamen Autroni commemoratio memoriam
Sullae rettulisset; etiam, ut arbitror, cum auctoritates prin-
cipum coniurationis ad incitandos animos Allobrogum con- 15
ligeret Cassius, et cum sciret exteras nationes maxime
nobilitate moveri, non prius Autronium quam Sullam nomi-
38 navisset. Iam vero illud minime probari potest, Gallos
Autronio nominato putasse propter calamitatis similitudinem
sibi aliquid de Sulla esse quaerendum, Cassio, si hic esset 20
in eodem scelere, ne cum appellasset quidem Autronium,
huius in mentem venire potuisse. Sed tamen quid respondit
de Sulla Cassius? Se nescire certum. 'Non purgat,' inquit.
Dixi antea: ne si argueret quidem tum denique, cum esset
39 interrogatus, id mihi criminosum videretur. Sed ego in 25
iudiciis et in quaestionibus non hoc quaerendum arbitror,
num purgetur aliquis, sed num arguatur. Etenim cum se
negat scire Cassius, utrum sublevat Sullam an satis probat

1 audivissent *e*   2 esse quaesiverunt essentne eadem *TEeπ*: qui
fuerant (-unt *a*) esse (-ent *a*) in eodem *cett.*   7 suspicari viderentur *TEe* : suspicarentur *cett.*   9 Sullae *ante* nullam *hab. e, Σ mg.*,
ante facere *T* : *om. cett.*   12 afflicta *eb¹c²k, p mg.* : afflata *cett.*
17 nominavisset *Te* : nominasset *cett.*   18 minime probari *e* : probari
minime *cett.*   22 quid] quod *T*   responderit *Tg*   25 mihi *om e*
26 in quaestionibus et indiciis *Schol.*   et in *Te* : et *cett.*   27
aliqui *Schol.*   sed *Ϛ, Schol.* : et *cett.*   se negat *Teπ* : negat
se *cett.*

se nescire? 'Sublevat apud Gallos.' Quid ita? 'Ne in-
dicent.' Quid? si periculum esse putasset ne illi umquam
indicarent, de se ipse confessus esset? ' Nesciit videlicet.'
Credo celatum esse Cassium de Sulla uno; nam de ceteris
5 certe sciebat; etenim domi eius pleraque conflata esse con-
stabat. Qui negare noluit esse in eo numero Sullam quo
plus spei Gallis daret, dicere autem falsum non ausus est,
se nescire dixit. Atque hoc perspicuum est, cum is qui de
omnibus scierit de Sulla se scire negarit, eandem vim esse
10 negationis huius quam si extra coniurationem hunc esse se
scire dixisset. Nam cuius scientiam de omnibus constat
fuisse, eius ignoratio de aliquo purgatio debet videri. Sed
iam non quaero purgetne Cassius Sullam; illud mihi tantum
satis est contra Sullam nihil esse in indicio.

14
15 Exclusus hac criminatione Torquatus rursus in me inruit, 40
me accusat; ait me aliter ac dictum sit in tabulas publicas
rettulisse. O di immortales!—vobis enim tribuo quae vestra
sunt, nec vero possum meo tantum ingenio dare ut tot res
tantas, tam varias, tam repentinas in illa turbulentissima
20 tempestate rei publicae mea sponte dispexerim—vos profecto animum meum tum conservandae patriae cupiditate
incendistis, vos me ab omnibus ceteris cogitationibus ad
unam salutem rei publicae convertistis, vos denique in tantis
tenebris erroris et inscientiae clarissimum lumen menti meae
25 praetulistis. Vidi ego hoc, iudices, nisi recenti memoria 41
senatus auctoritatem huius indici monumentis publicis te-
status essem, fore ut aliquando non Torquatus neque Torquati
quispiam similis—nam id me multum fefellit—sed ut aliquis

2 quod *Te*   3 se *om. e*   ipse *T, Ernesti* : ipso *cett.*   nescit *T*
videlicet *Tan* : *om. e* : iudices *cett.*   5 etenim *Tean* : et ea *cett.*
6 qui] quia *Madvig*   8 se π : *om. cett.* (*post* nescire *suppl.*
Lambinus)   atque *Teanb*[1] : atqui *cett.*   9 esse vim *ec*   10
quam tum si *c*[2]   14 indicio *Te* : iudicio *cett.*   16 sit *Te*,
Schol. : est *cett.*   17 tribuo *T* : tribuam *cett.*   18 tantum meo *e*
20 dispex. *eaΣb*[1]*k* : despex. *cett.*   23 convertistis *Te* : contulistis
cett.   24 menti meae praetul. *Te* : praetul. menti meae *cett.*   25
iudices] vidi *Ta* : *om. e*

patrimoni naufragus, inimicus oti, bonorum hostis, aliter indi-
cata haec esse diceret, quo facilius vento aliquo in optimum
quemque excitato posset in malis rei publicae portum aliquem suorum malorum invenire. Itaque introductis in senatum indicibus constitui senatores qui omnia indicum dicta, 5
42 interrogata, responsa perscriberent. At quos viros! non
solum summa virtute et fide, cuius generis erat in senatu
facultas maxima, sed etiam quos sciebam memoria, scientia,
celeritate scribendi facillime quae dicerentur persequi posse,
C. Cosconium, qui tum erat praetor, M. Messalam, qui tum 10
praeturam petebat, P. Nigidium, App. Claudium. Credo
esse neminem qui his hominibus ad vere referendum aut
15 fidem putet aut ingenium defuisse. Quid deinde? quid
feci? Cum scirem ita esse indicium relatum in tabulas
publicas ut illae tabulae privata tamen custodia more ma- 15
iorum continerentur, non occultavi, non continui domi, sed
statim describi ab omnibus librariis, dividi passim et per-
volgari atque edi populo Romano imperavi. Divisi tota
Italia, emisi in omnis provincias; eius indici ex quo oblata
43 salus esset omnibus expertem esse neminem volui. Itaque 20
dico locum in orbe terrarum esse nullum, quo in loco populi
Romani nomen sit, quin eodem perscriptum hoc indicium
pervenerit. In quo ego tam subito et exiguo et turbido
tempore multa divinitus, ita ut dixi, non mea sponte providi,
primum ne quis posset tantum aut de rei publicae aut de 25
alicuius periculo meminisse quantum vellet; deinde ne cui
liceret umquam reprehendere illud indicium aut temere

1 patrimonii *Te, Schol.* : patrimonio *cett.*   indic. *Ta* : iudic.
cett.   3 aliquem *hoc loco hab. Tec, post* malorum *cett.*   5
institui *Schol.*   7 erat *Teπ* : om. *cett.*   8 scientia *e, Schol.* :
consuetudine et *add. cett.*   12 hominibus *TEeπ* : omnibus *cett.*
ad . . . referendum *TEe* : aut . . . referendis *cett.*   14 esse *Te* :
om. *cett.*   relatum *Teaπ* : om. *cett.*   17 statim *hoc loco hab. Te,*
post describi *πϛ, post* omnibus *cett.*   18 toti (-ae *e*) Italiae *codd.* :
corr. Madvig   19 emisi *E* : dimisi *Tπ* : divisi *cett.*   ex (et *e*)
Te : e *cett.*   obl. salus *Te* : salus obl. *cett.*   23 tam *gϛ* : tum *cett.*
25 qui *Reid*   26 meminisse] *hic desinit e*

creditum criminari; postremo ne quid iam a me, ne quid
ex meis commentariis quaereretur, ne aut oblivio mea aut
memoria nimia videretur, ne denique aut neglegentia turpis
aut diligentia crudelis putaretur. Sed tamen abs te, Torquate, 44
5 quaero : cum indicatus tuus esset inimicus et esset eius rei
frequens senatus et recens memoria testis, *et* tibi, meo familiari et contubernali, prius etiam edituri indicium fuerint
scribae mei, si voluisses, quam in codicem rettulissent, *cur*
cum videres aliter fieri, tacuisti, passus es, non mecum aut *ut*
10 cum familiarissimo questus es aut, quoniam tam facile inve-
heris in amicos, iracundius et vehementius expostulasti ?
Tu, cum tua vox numquam sit audita, cum indicio lecto, de-
scripto, divolgato quieveris, tacueris, repente tantam rem
ementiare et in eum locum te deducas ut, ante quam me
15 commutati indici coargueris, te summae neglegentiae tuo
iudicio convictum esse fateare ?
                                                                16
Mihi cuiusquam salus tanti fuisset ut meam neglegerem ? 45
per me ego veritatem patefactam contaminarem aliquo men-
dacio ? quemquam denique ego iuvarem, a quo et tam crudelis
20 insidias rei publicae factas et me potissimum consule constitutas putarem ?   Quod si iam essem oblitus severitatis et
constantiae meae, tamne amens eram ut, cum litterae posteri-
tatis causa repertae sint, quae subsidio oblivioni esse possent,
ego recentem putarem memoriam cuncti senatus commen-
25 tario meo posse superari ? Fero ego te, Torquate, iam dudum 46
fero, et non numquam animum incitatum ad ulciscendam
orationem tuam revoco ipse et reflecto, permitto aliquid

3 nimia vid. *T* : vid. nimia *cett.*   5 esset inim. *T* : inim. esset *cett.*
6 et tibi *Halm* : tibi *codd.* : tibique *Meerdervoort*   8 cur cum *Nohl* :
cum *codd.*   9 ferri *T* : referri *Orelli*   cur tacuisti Σ *mg.*,
πb¹c²k, *ed. V*   ut *supplevi*   10 familiarissimo *scripsi* : familiari meo
codd. : familiari tuo *Richter*   11 et π : aut *cett.*   14 ementiare
T : enuntiare (audeas *add.* Σ *mg.*, bc²k) *cett.*   16 indicio ς   19
et tam *Garatoni* : etiam *Ta* : et *cett.*   20 rei p. *Tπ* : in rem p. *cett.*
me . . . consule *Ta* : me . . . consulem *cett.*   constitutas *E* :
om. *cett.*   23 possint π ς   25 iam dudum, fero *Naugerius* (i)

iracundiae tuae, do adulescentiae, cedo amicitiae, tribuo
parenti. Sed nisi tibi aliquem modum tute constitueris,
coges oblitum me nostrae amicitiae habere rationem meae
dignitatis. Nemo umquam me tenuissima suspicione perstrinxit quem non perverterim ac perfregerim. Sed mihi 5
hoc credas velim : non eis libentissime soleo respondere
47 quos mihi videor facillime posse superare. Tu quoniam
minime ignoras consuetudinem dicendi meam, noli hac nova
lenitate abuti mea, noli aculeos orationis meae, qui reconditi
sunt, excussos arbitrari, noli id omnino a me putare esse 10
amissum si quid est tibi remissum atque concessum. Cum
illae valent apud me excusationes iniuriae tuae, iratus animus
tuus, aetas, amicitia nostra, tum nondum statuo te virium
satis habere ut ego tecum luctari et congredi debeam. Quod
si esses usu atque aetate robustior, essem idem qui soleo cum 15
sum lacessitus ; nunc tecum sic agam tulisse ut potius in-
17 iuriam quam rettulisse gratiam videar. Neque vero quid
48 mihi irascare intellegere possum. Si, quod eum defendo
quem tu accusas, cur tibi ego non suscenseo, quod accusas
eum quem ego defendo? 'Inimicum ego,' inquis, 'accuso 20
meum.' Et amicum ego defendo meum. 'Non debes tu
quemquam in coniurationis quaestione defendere.' Immo
nemo magis eum de quo nihil umquam est suspicatus quam
is qui de aliis multa cognovit. 'Cur dixisti testimonium in
alios?' Quia coactus sum. 'Cur damnati sunt?' Quia 25
creditum est. 'Regnum est dicere in quem velis et defendere quem velis.' Immo servitus est non dicere in quem
velis et non defendere quem velis. Ac si considerare coe-

2 tute *TEπ* : vitae *cett.*   3 me oblitum *πk* : oblitum *om.* *T*   4
perstrinxerit *T*   5 praeverterim *E* : perculerim *π*   ac (aut *T* : *fort.*
atque) perfregerim *TEπ* : om. *cett.*   8 lenitate nova *T*   10 omnino
a me put. *T* : put. omnino a me *cett.*   11 amissum *TEaπ* : omissum *cett.*
15 usu *om.* *T*   19 ego *T* : quoque ipse *cett.*   quod *Tπ* : qui
cett.   accusas *Tπabc* : accuses *cett.*   20 inimicum ego *T* : inimicum
cett.   21 tu *Tπ* : tamen *cett.*   22 in *om.* *Tπacψ*   23 umquam est
T : est umquam *E* : est *cett.*   24 cognovit *ac¹, Lambinus* : cogitavit
cett.   25 sum *π*   26 et *Tg* : ac *cett.*   28 et non *π* : nec *k* : et *cett.*

peris utrum magis mihi hoc necesse fuerit facere an istud
tibi, intelleges honestius te inimicitiarum modum statuere
potuisse quam me humanitatis. At vero, cum honos age- 49
batur familiae vestrae amplissimus, hoc est consulatus paren-
5 tis tui, sapientissimus vir familiarissimis suis non suscensuit,
pater tuus, cum Sullam et defenderent et laudarent? intellegebat hanc nobis a maioribus esse traditam disciplinam ut
nullius amicitia ad pericula propulsanda impediremur. At
erat huic iudicio longe dissimilis illa contentio. Tum ad-
10 flicto P. Sulla consulatus vobis pariebatur, sicuti partus est ;
honoris erat certamen ; ereptum repetere vos clamitabatis,
ut victi in campo in foro vinceretis ; tum qui contra vos pro
huius salute pugnabant, amicissimi vestri, quibus non irascebamini, consulatum vobis eripiebant, honori vestro repugna-
15 bant, et tamen id inviolata vestra amicitia, integro officio,
vetere exemplo atque instituto optimi cuiusque faciebant.
Ego vero quibus ornamentis adversor tuis aut cui dignitati   18
vestrae repugno ? Quid est quod iam ab hoc expetas ?   5ɔ
Honos ad patrem, insignia honoris ad te delata sunt. Tu
20 ornatus exuviis huius venis ad eum lacerandum quem inter-
emisti, ego iacentem et spoliatum defendo et protego. Atque
hic tu et reprehendis me quia defendam et irasceris ; ego
autem non modo tibi non irascor sed ne reprehendo quidem
factum tuum. Te enim existimo tibi statuisse quid faciendum
25 putares et satis idoneum offici tui iudicem *esse* potuisse.

At accusat *C.* Corneli filius et id aeque valere debet ac 51
si pater indicaret. O patrem Cornelium sapientem qui, quod

---

1 istud *TE*π : *om. cett.*   3 at *Lambɪnus* : aut *T* : an *cett.*   **4**
amplissimus *hoc loco hab. T. ante* fam. *cett.*   5 non *om. cod. H.
Stephani*   6 pater tuus *del. Rinkes*   7 hanc] enim π   8 pericula
propuls. *T*: propuls. pericula *cett.*   at erat *Halm* : aderat *Ta* :
et (*om.* et π) erat *cett.*   13 quibus non irascebamini *del. Campe*
16 vetere (-rĕ *a*) *Ta* : veteri *cett.*   19 honos *T*: honor *cett.*   **20**
ornatus huius *c²k*   exuviis *TE* : eximiis π : et uiuus *a* : eripuis *p* :
erumnis *cett.*   huius *E* : *om. cett.*   23 ne *T* : neque *cett.*   25 tui
TE : *om. cett.*   esse *suppl. Halm*   potuisse *T*: posuisse *cett.*
26 C. *suppl. ed. V*   et id aeque *T*π : et idemque *a* : idemque *cett.*

praemi solet esse in indicio, reliquerit, quod turpitudinis in
confessione, id per accusationem fili susceperit! Sed quid
est tandem quod indicat per istum puerum Cornelius? Si
vetera, mihi ignota, cum Hortensio communicata, respondit
Hortensius ; sin, ut ais, illum conatum Autroni et Catilinae, 5
cum in campo consularibus comitiis, quae a me habita sunt,
caedem facere voluerunt, Autronium tum in campo vidimus
—sed quid dixi vidisse nos? ego vidi; vos enim tum, iudices, nihil laborabatis neque suspicabamini, ego tectus praesidio firmo amicorum Catilinae tum et Autroni copias et 10
51 conatum repressi. Num quis est igitur qui tum dicat in
campum aspirasse Sullam? Atqui, si tum se cum Catilina
societate sceleris coniunxerat, cur ab eo discedebat, cur cum
Autronio non erat, cur in pari causa non paria signa criminis
reperiuntur? Sed quoniam Cornelius ipse etiam nunc de 15
indicando dubitat, et, ut dicitis, informat ad hoc adumbratum
indicium filium, quid tandem de illa nocte dicit, cum inter
falcarios ad M. Laecam nocte ea quae consecuta est posterum
diem Nonarum Novembrium me consule Catilinae denuntiatione convenit? quae nox omnium temporum coniurationis 20
acerrima fuit atque acerbissima. Tum Catilinae dies exeundi,
tum ceteris manendi condicio, tum discriptio totam per urbem caedis atque incendiorum constituta est; tum tuus
pater, Corneli, id quod tandem aliquando confitetur, illam
sibi officiosam provinciam depoposcit ut, cum prima luce 25
consulem salutatum veniret, intromissus et meo more et iure
19 amicitiae me in meo lectulo trucidaret. Hoc tempore, cum
53

1 indicio *Tc* : iudicio *cett.*   3 indicet *Taπ*   si vetera *T* : sue-
scā *a* : sin ea *π* : si est causa *cett.*   4 respondit *T* : respondet
(·eat *π*) *cett.*   5 conatum *T* : comitatum *cett.*   8 sed *Madvig* :
et *codd.*   10 tum et *aπ* : tum *T* : tunc et *cett.*   12 secum *Taπ*
Catilinam *T*   14 in] ire *T* (*fort.* in re pari *sine* causa)   16 et *π*,
Reid : om. *cett.*   adhuc *Ernesti*   17 filium *T* : filii *cett.*   18
Laecam *T* : Leccam *cett.*   19 Nonas Novembris *bc*   22 discr.
Bücheler : descr. *codd.*   23 tum *Tπab* : tunc *cett.*   26 et meo]
meo *Tπ*   27 lectulo *Tπ* : lecto *cett.*

arderet acerrime coniuratio, cum Catilina egrederetur ad
exercitum, Lentulus in urbe relinqueretur, Cassius incendiis,
Cethegus caedi praeponeretur, Autronio ut occuparet Etru-
riam praescriberetur, cum omnia ornarentur, instruerentur,
5 pararentur, ubi fuit Sulla, Corneli? num Romae? Immo
longe afuit. Num in eis regionibus quo se Catilina inferebat?
Multo etiam longius. Num in agro Camerti, Piceno, Gallico,
quas in oras maxime quasi morbus quidam illius furoris per-
vaserat? Nihil vero minus. Fuit enim, ut iam ante dixi,
10 Neapoli, fuit in ea parte Italiae quae maxime ista suspicione
caruit. Quid ergo indicat aut quid adfert aut ipse Cornelius 54
aut vos qui haec ab illo mandata defertis? Gladiatores
emptos esse Fausti simulatione ad caedem ac tumultum?
'Ita prorsus; interpositi sunt gladiatores.' Quos testamento
15 patris deberi videmus. 'Adrepta est familia.' Quae si esset
praetermissa, posset alia familia Fausti munus praebere.
Vtinam quidem haec ipsa non modo iniquorum invidiae sed
aequorum exspectationi satis facere posset! 'Properatum
vehementer est, cum longe tempus muneris abesset.' Quasi
20 vero tempus dandi muneris non valde appropinquaret. 'Nec
opinante Fausto, cum is neque sciret neque vellet, familia
est comparata.' At litterae sunt Fausti, per quas ille preci- 55
bus a P. Sulla petit ut emat gladiatores et ut hos ipsos emat,
neque solum ad Sullam missae sed ad L. Caesarem, Q. Pom-
25 peium, C. Memmium, quorum de sententia tota res gesta
est. 'At praefuit familiae Cornelius, *libertus eius.*' Iam si

4 ornarentur *Landgraf*: ordinarentur *codd.* (*cf.* § 75)   instruerentur *Tπ*: instituerentur *cett.*   6 affuit *Ta*: abfuit *cett.* : *corr.*
Halm   in *om.* T   iis *Tk*: his *cett.*   regionibus *Tc*[1]:
legionibus *cett.*   referebat *c*[d]   8 in *Ta*: *om. cett.*   10
ista *T*: ea *cett.*   12 haec ab illo *T*: ab eo haec (*om.* haec *a*)
cett.   14–16 *interpunxit Richter*   15 deberi videmus *Tπapk* :
deberi debemus *Σg*: videmus deberi *bc*   17 invidiae esset *codd.* :
corr. Lambinus   18 properatum (-rat *b*[2]) *Tπb*[2]: praeparant *cett.*
19 est *T*: *om. cett.*   26 Cornelius *del. Manutius*   libertus eius (*i. e.*
L. eius) *supplevi*: notam L (=libertus) *excidisse vidit Orelli, qui* P. L.
(*i. e.* Publi libertus) *coni.*

in paranda familia nulla suspicio est, quis praefuerit nihil ad
rem pertinet ; sed tamen munere servili obtulit se ad ferramenta prospicienda, praefuit vero numquam, eaque res omni
tempore per Bellum, Fausti libertum, administrata est.

20
56   At enim Sittius est ab hoc in ulteriorem Hispaniam missus ut 5
eam provinciam perturbaret. Primum Sittius, iudices, L. Iulio
C. Figulo consulibus profectus est aliquanto ante furorem Catilinae et suspicionem huius coniurationis ; deinde est profectus
non tum primum sed cum in isdem locis aliquanto ante eadem
de causa aliquot annos fuisset, ac profectus est non modo ob 10
causam sed etiam ob necessariam causam, magna ratione
cum Mauretaniae rege contracta. Tum autem, illo profecto,
Sulla procurante eius rem et gerente plurimis et pulcher-
rimis P. Sitti praediis venditis aes alienum eiusdem dissolutum *est*, ut, quae causa ceteros ad facinus impulit, cupiditas 15
retinendae possessionis, ea Sittio non fuerit praediis demi-
57 nutis. Iam vero illud quam incredibile, quam absurdum,
qui Romae caedem facere, qui hanc urbem inflammare vellet,
eum familiarissimum suum dimittere ab se et amandare in
ultimas terras ! Vtrum quo facilius Romae ea quae cona- 20
batur efficeret, si in Hispania turbatum esset ? At haec
ipsa per se sine ulla coniunctione agebantur. An in tantis
rebus, tam novis consiliis, tam periculosis, tam turbulentis
hominem amantissimum sui, familiarissimum, coniunctissi-
mum officiis, consuetudine, usu dimittendum esse arbitra- 25
batur ? Veri simile non est ut, quem in secundis rebus,
quem in otio secum semper habuisset, hunc in adversis et

1 quis *Ta*: quod *cett.*   praefuerit *T*: praefuit *b²ψ¹ς* : profert *cett.*
2 sed] *fort.* is   Servili *Lag.* 9, *Madvig* (*melius esset* Servi, *i. e.* Serv.
Sullae, *cf.* § 6)   3 omni tempore *hoc loco hab.* T, *post* libert. *cett.*
4 Balbum *E*   5 Sittius (Sicc. Sic.) *TEπab¹*: Cincius *cett.* (*ubique*)
11 etiam ob *Tb¹k* : etiam *cett.*   15 est *suppl. Angelius*   19
amandare *T*: mandare *cett.*   20 utrum *Tπa* : visum *cett.*   21
Hispaniam turb. isset *Σ*   25 arbitrabatur *Tπ*: arbitratur *a* · arbitraretur *cett.*   26 veri simile non est *del. Lambinus*   27 semper
secum hab. *T*: semper hab. secum *a*

in eo tumultu quem ipse comparabat ab se dimitteret. Ipse 58
autem Sittius—non enim mihi deserenda est causa amici
veteris atque hospitis—is homo est aut ea familia ac disciplina ut hoc credi possit, eum bellum populo Romano
5 facere voluisse? ut, cuius pater, cum ceteri deficerent finitimi ac vicini, singulari exstiterit in rem publicam nostram
officio et fide, is sibi nefarium bellum contra patriam suscipiendum putaret? cuius aes alienum videmus, iudices, non
libidine, sed negoti gerendi studio esse contractum, qui ita
10 Romae debuit ut in provinciis et in regnis ei maximae
pecuniae deberentur; quas cum peteret, non commisit ut
sui procuratores quicquam oneris absente se sustinerent;
venire omnis suas possessiones et patrimonio se ornatissimo
spoliari maluit quam ullam moram cuiquam fieri creditorum
15 suorum.   A quo quidem genere, iudices, ego numquam 59
timui, cum in illa rei publicae tempestate versarer. Illud
erat hominum genus horribile et pertimescendum qui tanto
amore suas possessiones amplexi tenebant ut ab eis membra
citius divelli ac distrahi posse diceres.   Sittius numquam
20 sibi cognationem cum praediis esse existimavit suis. Itaque
se non modo ex suspicione tanti sceleris verum etiam ex
omni hominum sermone non armis, sed patrimonio suo
vindicavit.
     Iam vero quod obiecit Pompeianos esse a Sulla impulsos **21**
60
25 ut ad istam coniurationem atque ad hoc nefarium facinus
accederent, id cuius modi sit intellegere non possum. An tibi
Pompeiani coniurasse videntur?   Quis hoc dixit umquam,
aut quae fuit istius rei vel minima suspicio? 'Diiunxit,'
inquit, 'eos a colonis ut hoc discidio ac dissensione facta
30 oppidum in sua potestate posset per Pompeianos habere.'

---

4 populo R. *T, Gulielmius*: rei (r. *a*) p. *cett.*   8 putarit *Hulderich*
10 ei maxime *T*: maxime ei *cett.*   17 hominum genus *T*: genus
hominum *cett.*   18 iis *h*: his *cett.*   19 citius divelli *T*: divelli
citius *cett.*   24 obiecit *Txa*: obicit (subicit *b¹ʂ*) *cett.*   25 atque
(ac *h*) *Txak*: et *cett.*   27 dixit umquam *Tx*: umquam dixit *cett.*
28 diiunxit *T*: disiunxit *cett.*   30 per *T*: et *cett.*

Primum omnis Pompeianorum colonorumque dissensio delata ad patronos est, cum iam inveterasset ac multos annos
esset agitata ; deinde ita a patronis res cognita est ut nulla
in re a ceterorum sententiis Sulla dissenserit ; postremo
coloni ipsi sic intellegunt, non Pompeianos a Sulla magis 5
61 quam sese esse defensos. Atque hoc, iudices, ex hac frequentia colonorum, honestissimorum hominum, intellegere
potestis, qui adsunt, laborant, hunc patronum, defensorem,
custodem illius coloniae si in omni fortuna atque omni
honore incolumem habere non potuerunt, in hoc tamen 10
casu in quo adflictus iacet per vos iuvari conservarique cu-
piunt. Adsunt pari studio Pompeiani, qui ab istis etiam in
crimen vocantur ; qui ita de ambulatione ac de suffragiis
suis cum colonis dissenserunt ut idem de communi salute
62 sentirent. Ac ne haec quidem P. Sullae mihi videtur silentio 15
praetereunda esse virtus, quod, cum ab hoc illa colonia de-
ducta sit, et cum commoda colonorum a fortunis Pompeianorum rei publicae fortuna diiunxerit, ita carus utrisque est
atque iucundus ut non alteros demovisse sed utrosque
constituisse videatur. 20
22 At enim et gladiatores et omnis ista vis rogationis Cae-
ciliae causa comparabatur. Atque hoc loco in L. Caecilium,
pudentissimum atque ornatissimum virum, vehementer invectus est. Cuius ego de virtute et constantia, iudices,
tantum dico, talem hunc in ista rogatione quam promul- 25
garat non de tollenda, sed de levanda calamitate fratris sui
fuisse ut consulere voluerit fratri, cum re publica pugnare
noluerit ; promulgarit impulsus amore fraterno, destiterit
63 fratris auctoritate deductus. Atque in ea re per L. Caeci-

3 agitata *T*: excogitata (exagit. *π*) *cett.*   9 atque] atque in *bχ⌐*
11 in quo *Tπ*: quo (*om. a*) *cett.*   iuvari *T*: tutari *cett.*   12 istis
Halm: his *T*: illis *cett.*   13 ac de *T*: et de *cett.*   18 rei p.]
populi R. *Angelius*   diiunxerit (dis- *E*) *TE*: diviserit *cett.*   est
*om. Tc*ˡ   22 hoc] hoc in *π*   23 pudent. *Ta* : prudent. *cett.*
27 consulere *Tπk*; consulem *a* : consul esse *cett.*

lium Sulla accusatur in qua re est uterque laudandus.   Primum Caecilius—quid? 'id promulgavit in quo res iudicatas
videbatur voluisse rescindere, ut restitueretur Sulla.'   Recte
reprehendis ; status enim rei publicae maxime iudicatis
5 rebus continetur ; neque ego tantum fraterno amori dandum
arbitror ut quisquam, dum saluti suorum consulat, communem relinquat.   *At* nihil de iudicio ferebat, sed poenam
ambitus eam referebat quae fuerat nuper superioribus legibus
constituta.   Itaque hac rogatione non iudicum sententia,
10 sed legis vitium corrigebatur.   Nemo iudicium reprehendit,
cum de poena queritur, sed legem.   Damnatio est enim
iudicum, quae manebat, poena legis, quae levabatur.   Noli 64
igitur animos eorum ordinum qui praesunt iudiciis summa
cum gravitate et dignitate alienare a causa.   Nemo labe-
15 factare iudicium est conatus, nihil est eius modi promulga-
tum, semper Caecilius in calamitate fratris sui iudicum
potestatem perpetuandam, legis acerbitatem mitigandam
putavit.   Sed quid ego de hoc plura disputem?   Dicerem 23
fortasse, et facile et libenter dicerem, si paulo etiam longius
20 quam finis cotidiani offici postulat L. Caecilium pietas et
fraternus amor propulisset, implorarem sensus vestros, unius
cuiusque indulgentiaı.ı in suos testarer, peterem veniam
errato L. Caecili ex intimis vestris cogitationibus atque ex
humanitate communi.   Lex dies fuit proposita paucos, ferri 65
25 coepta numquam, deposita est in senatu.   Kalendis Ianuariis cum in Capitolium nos senatum convocassemus, nihil

2 quid *scripsi*: qui *codd.*: qui si *Halm*   promulgavit *T*: promulgarit (·re *a*, -ret 𝕾) *cett.*   3 videatur *Garatoni*   stitueretur
T: statueretur *cett.*: *corr. Pantagathus*   Sulla. Recte *Tπ* : Sulla
recte *cett.*   4 reprehendis *Tπa²*: reprehendendus *a¹*: reprehendit
cett.   5 neque dandum *T*   6 quisquam *Tπ*: quicquam *b¹*: quisque *cett.*   dum saluti *T*, *Beck* : de salute *cett.*   7 at *suppl. Orelli*
de *Tc²* : *om. cett.*   8 referebat *T*: ferebat *cett.*   9 sententia
Ta : sententiam *cett.*   10 corrigebatur *T*: corrigebat *cett.*   11 est
enim *T*: enim est *cett.*   17 perpetiundam *T*   20 L. Caecilium
hoc loco hab. T, *post* amor *cett.*   21 propulisset *TEπ*: protulisset *cett.*
22 veniam err. *Tπ*: err. veniam *cett.*   25 deposita *E* : posita *cett.*
Kal. Ian. *Tπ* : r. lateri (r. p. latuit 𝕾) *cett.*

est actum prius, et id mandatu Sullae Q. Metellus praetor
se loqui dixit Sullam illam rogationem de se nolle ferri.
Ex illo tempore L. Caecilius egit de re publica multa;
agrariae legi, quae tota a me reprehensa et abiecta est, se
intercessorem fore professus est, improbis largitionibus re- 5
stitit, senatus auctoritatem numquam impedivit, ita se gessit
in tribunatu ut onere deposito domestici offici nihil postea
66 nisi de rei publicae commodis cogitarit. Atque in ipsa
rogatione ne per vim quid ageretur, quis tum nostrum
Sullam aut Caecilium verebatur? nonne omnis ille terror, 10
omnis seditionis timor atque opinio ex Autroni improbitate
pendebat? Eius voces, eius minae ferebantur, eius aspectus,
concursatio, stipatio, greges hominum perditorum metum
nobis seditionesque adferebant. Itaque P. Sulla hoc im-
portunissimo cum honoris tum etiam calamitatis socio atque 15
comite et secundas fortunas amittere coactus est et in adversis sine ullo remedio atque adlevamento permanere.

24
67   Hic tu epistulam meam saepe recitas quam ego ad Cn.
Pompeium de meis rebus gestis et de summa re publica
misi, et ex ea crimen aliquod in P. Sullam quaeris et, si 20
furorem incredibilem biennio ante conceptum erupisse in
meo consulatu scripsi, me hoc demonstrasse dicis, Sullam
in illa fuisse superiore coniuratione. Scilicet ego is sum
qui existimem Cn. Pisonem et Catilinam et Vargunteium
et Autronium nihil scelerate, nihil audacter ipsos per sese 25
68 sine P. Sulla facere potuisse. De quo etiam si quis dubi-
tasset antea an id quod tu arguis cogitasset, ut interfecto
patre tuo consul descenderet Kalendis Ianuariis cum lictoribus, sustulisti hanc suspicionem, cum dixisti hunc, ut

---

1 mandatu *T* : mandato *cett.*   3 egit de re p. *T* : de re p. egit
cett. (e re p. egit *Sylvius*)   4 se *Tπ* : om. *cett.*   5 professus
Tπ : perpessus *cett.*   9 tum *Tπk* : tamen *cett.*   14 nobis caedis
seditionisque *Madvig*   15 cum] tum *πabχϚ*   19 re p. *T* : r.
p. *a* : rei p. *cett.*   23 ego *T* : om. *cett.*   27 an *E. Eberhard* : num
codd. ut *π* : om. *cett.*   28 consul *ed. R., O. Müller* : consule *codd.*
descenderet *Tπa* : descendere *cett.*   29 sustuli *T*   dixi *Ta*

Catilinam consulem efficeret, contra patrem tuum operas
et manum comparasse. Quod si tibi ego confitear, tu mihi
concedas necesse est hunc, cum Catilinae suffragaretur,
nihil de suo consulatu, quem iudicio amiserat, per vim
5 recuperando cogitavisse. Neque enim istorum facinorum
tantorum, tam atrocium crimen, iudices, P. Sullae persona
suscipit.

Iam enim faciam criminibus omnibus fere dissolutis, 69
contra atque in ceteris causis fieri solet, ut nunc denique
10 de vita hominis ac de moribus dicam. Etenim de principio
studuit animus occurrere magnitudini criminis, satis facere
exspectationi hominum, de me aliquid ipso qui accusatus
eram dicere; nunc iam revocandi estis eo quo vos ipsa
causa etiam tacente me cogit animos mentisque convertere.
15 Omnibus in rebus, iudices, quae graviores maioresque sunt, **25**
quid quisque voluerit, cogitarit, admiserit, non ex crimine,
sed ex moribus eius qui arguitur est ponderandum. Neque
enim potest quisquam nostrum subito fingi neque cuiusquam
repente vita mutari aut natura converti. Circumspicite 70
20 paulisper mentibus vestris, ut alia mittamus, hosce ipsos
homines qui huic adfines sceleri fuerunt. Catilina contra
rem publicam coniuravit. Cuius aures umquam haec re-
spuerunt? conatum esse audacter hominem a pueritia non
solum intemperantia et scelere sed etiam consuetudine et
25 studio in omni flagitio, stupro, caede versatum? Quis eum
contra patriam pugnantem perisse miratur quem semper
omnes ad civile latrocinium natum putaverunt? Quis
Lentuli societates cum indicibus, quis insaniam libidinum,
quis perversam atque impiam religionem recordatur qui
30 illum aut nefarie cogitasse aut stulte sperasse miretur?

2 tibi ego *T*παχ : ego tibi *cett.*   confitear *T*π : confiteor *cett.*
4 suo] meo *T*   12 ipso *TE* : de ipso *cett.*   13 eram *TE*πα : erat *cett.*
14 animos *E* : animus (*om.* π) *cett.*   mentesque convertere *E* : *om.*
cett.   15 iudices *om. T*   20 mittamus *T* : omittamus *cett.*   22 haec
V : hoc *cett.*   23 audacter *T* : *om. cett.*   25 versatum] grassatum *E*
30 cogitasse *TE* : *om. cett.*   sperasse *E* : cogitasse *cett.*

Quis de C. Cethego atque eius in Hispaniam profectione
ac de volnere Q. Metelli Pii cogitat cui non ad illius poenam
71 carcer aedificatus esse videatur? Omitto ceteros, ne sit
infinitum; tantum a vobis peto ut taciti de omnibus quos
coniurasse cognitum est cogitetis; intellegetis unum quem- 5
que eorum prius ab sua vita quam vestra suspicione esse
damnatum. Ipsum illum Autronium, quoniam eius nomen
finitimum maxime est huius periculo et crimini, non sua
vita ac natura convicit? Semper audax, petulans, libidi-
nosus; quem in stuprorum defensionibus non solum verbis 10
uti improbissimis solitum esse scimus verum etiam pugnis et
calcibus, quem exturbare homines ex possessionibus, caedem
facere vicinorum, spoliare fana sociorum, comitatu et armis
disturbare iudicia, in bonis rebus omnis contemnere, in
malis pugnare contra bonos, non rei publicae cedere, non 15
fortunae ipsi succumbere. Huius si causa non manifestis-
simis rebus teneretur, tamen eum mores ipsius ac vita
convinceret.

26   Agedum, conferte nunc cum illius vita *vitam* P. Sullae
72 vobis populoque Romano notissimam, iudices, et eam ante 20
oculos vestros proponite. Ecquod est huius factum aut
commissum non dicam audacius, sed quod cuiquam paulo
minus consideratum videretur? Factum quaero; verbum
ecquod umquam ex ore huius excidit in quo quisquam
posset offendi? At vero in illa gravi L. Sullae turbulenta- 25
que victoria quis P. Sulla mitior, quis misericordior inventus
est? *Quam* multorum hic vitam est a L. Sulla deprecatus!

5 intelligitis *Tab²*χ   6 eorum] illorum *bk, ed. V*   ab *Tb²*: a
cett.: *del. Madvig*   quam a *πc²*   vestra *Tπc*: nostra *cett.*   8 huius]
huic *π*   9 vita ac natura *T*: ante acta vita *Σg*: consuetudine ac
vita *c*: ac (hac χ: haec *k*) vita *apλk*   convicit *T*: convincit *cett.*
12 ex (et *a*) *Tπac*: e *cett.*   13 comitatu *scripsi*: vi (vi. *a*) conatum
(-u *Σbψk*) *codd.* (*cf.* § 51ꞌ): vi *Lambinus*   19 illis 5   vita vitam
Angelius (*cf.* § 74): vita *T*: vitam *cett.*   21 et quod *codd.*: *corr.*
ed. Med. est *Tπa*: om. *cett.*   24 in quo *Tπa*: in *g*: ut *Σ*: unde *b5*
25 turbulentaque vict. *T*: vict. turbulentaque *cett.*   26 quis . . .
est *E*: om. *cett.*   27 quam *Gellius* vii. 6. 16: om. *codd.*

quam multi sunt summi homines et ornatissimi et nostri
et equestris ordinis quorum pro salute se hic Sullae obli-
gavit! Quos ego nominarem—neque enim ipsi nolunt
et huic animo gratissimo adsunt—sed, quia maius est
5 beneficium quam posse debet civis civi dare, ideo a vobis
peto ut quod potuit, tempori tribuatis, quod fecit, ipsi.
Quid reliquae constantiam vitae commemorem, dignitatem, 73
liberalitatem, moderationem in privatis rebus, splendorem
in publicis? quae ita deformata sunt a fortuna ut tamen a
10 natura inchoata compareant. Quae domus, quae celebratio
cotidiana, quae familiarium dignitas, quae studia amicorum,
quae ex quoque ordine multitudo! Haec diu multumque
et multo labore quaesita una eripuit hora. Accepit P. Sulla,
iudices, volnus vehemens et mortiferum, verum tamen eius
15 modi quod videretur huius vita et natura accipere potuisse.
Honestatis enim et dignitatis habuisse nimis magnam iudicatus est cupiditatem ; quam si nemo alius habuit in consulatu petendo, cupidior iudicatus est hic fuisse quam
ceteri ; sin etiam in aliis non nullis fuit iste consulatus
20 amor, fortuna in hoc fuit fortasse gravior quam in ceteris.
Postea vero quis P. Sullam nisi maerentem, demissum ad- 74
flictumque vidit, quis umquam est suspicatus hunc magis
odio quam pudore hominum aspectum lucemque vitare?
Qui cum multa haberet invitamenta urbis et fori propter
25 summa studia amicorum, quae tamen ei sola in malis re-
stiterunt, afuit ab oculis vestris et, cum lege retineretur, ipse
se exsilio paene multavit. In hoc vos pudore, iudices, et 27
in hac vita tanto sceleri locum fuisse credatis? Aspicite

---

7 reliquae *Richter* (*cf.* § 88): reliquam *codd.*   8 libertatem *T*
9 deform. sunt a fortuna *T* : a fortuna deform. sunt *cett.*   10 domus,
quae] domus *Jordan*   11 familiarium *Tπ* : familiaris *cett*   12
multumque *TEπ* : multum *cett.*   15 huius *Tπag* : eius *cett.*   16
enim *T* : *om. cett.*   25 tamen] tantum *π* : tum *Σ* : *post* afuit *transp.*
Fleckeisen   26 affuit *Ta* : abfuit *cett.* : *corr. Lambinus*   nostris
Σb¹gc   27 iudicii *codd.* : *corr. Angelius*   28 credatis *Zielinski*
(*p.* 204) : creditis *codd.*

ipsum, contuemini os, conferte crimen cum vita, vitam ab
initio usque ad hoc tempus explicatam cum crimine reco-
75 gnoscite. Mitto rem publicam, quae fuit semper Sullae
carissima; hosne amicos, talis viros, tam cupidos sui, per
quos res eius secundae quondam erant ornatae, nunc sub- 5
levantur adversae, crudelissime perire voluit, ut cum Lentulo
et Catilina et Cethego foedissimam vitam ac miserrimam
turpissima morte proposita degeret? Non, inquam, cadit
in hos mores, non in hunc pudorem, non in hanc vitam,
non in hunc hominem ista suspicio. Nova quaedam illa 10
immanitas exorta est, incredibilis fuit ac singularis furor, ex
multis ab adulescentia conlectis perditorum hominum vitiis
repente ista tanta importunitas inauditi sceleris exarsit.
76 Nolite, iudices, arbitrari hominum illum impetum et conatum
fuisse—neque enim ulla gens tam barbara aut tam im- 15
manis umquam fuit in qua non modo tot, sed unus tam
crudelis hostis patriae sit inventus—, beluae quaedam illae
ex portentis immanes ac ferae forma hominum indutae
exstiterunt. Perspicite etiam atque etiam, iudices,—nihil
enim est quod in hac causa dici possit vehementius— 20
penitus introspicite Catilinae, Autroni, Cethegi, Lentuli
ceterorumque mentis; quas vos in his libidines, quae fla-
gitia, quas turpitudines, quantas audacias, quam incredibilis
furores, quas notas facinorum, quae indicia parricidiorum,
quantos acervos scelerum reperietis! Ex magnis et diu- 25
turnis et iam desperatis rei publicae morbis ista repente
vis erupit, ut ea confecta et eiecta convalescere aliquando
et sanari civitas posset; neque enim est quisquam qui
arbitretur illis inclusis in re publica pestibus diutius haec
stare potuisse. Itaque eos non ad perficiendum scelus, sed 30

1 vitam *TE* : *om. cett.*　ab initio usque *Tπa* : ab initio *E* : usque
cett.　2 explicatam *TE* : explicata *cett.*　5 ornatae *b²ς* : ordinatae
cett.　8 non cadit non inquam cadit *cod. H. Stephani*　18
formas π　20 possit πbχς : posset *cett.*　24-5 facinorum . . .
scelerum *T* : scelerum . . . facinorum *cett.*　28 posset *k, Ernesti* :
possit *cett.*　29 haec] hoc imperium *c²*

ad luendas rei publicae poenas Furiae quaedam incitaverunt. 28
In hunc igitur gregem vos nunc P. Sullam, iudices, ex his 77
qui cum hoc vivunt atque vixerunt honestissimorum hominum gregibus reicietis, ex hoc amicorum numero, ex hac
5 familiarium dignitate in impiorum partem atque in parricidarum sedem et numerum transferetis? Vbi erit igitur
illud firmissimum praesidium pudoris, quo in loco nobis
vita ante acta proderit, quod ad tempus existimationis partae
fructus reservabitur, si in extremo discrimine ac dimicatione
10 fortunae deseret, si non aderit, si nihil adiuvabit?

Quaestiones nobis servorum accusator et tormenta mini- 78
tatur.   In quibus quamquam nihil periculi suspicamur,
tamen illa tormenta gubernat dolor, moderatur natura cuiusque cum animi tum corporis, regit quaesitor, flectit libido,
15 corrumpit spes, infirmat metus, ut in tot rerum angustiis
nihil veritati loci relinquatur.   Vita P. Sullae torqueatur,
ex ea quaeratur num quae occultetur libido, num quod
lateat facinus, num quae crudelitas, num quae audacia.
Nihil erroris erit in causa nec obscuritatis, iudices, si a vobis
20 vitae perpetuae vox, ea quae verissima et gravissima debet
esse, audietur.   Nullum in hac causa testem timemus, nihil 79
quemquam scire, nihil vidisse, nihil audisse arbitramur.
Sed tamen, si nihil vos P. Sullae fortuna movet, iudices,
vestra moveat. Vestra enim, qui cum summa elegantia atque
25 integritate vixistis, hoc maxime interest, non ex libidine aut
simultate aut levitate testium causas honestorum hominum
ponderari, sed in magnis disquisitionibus repentinisque peri-

2 iis 𝔖, *ed.* V   3 atque] aut *T*: at 𝜋   hominum] amicorum *T*
4 amicorum *Klotz*: hominum *codd.*   5 familiarium *T𝜋b²*χ: familiari
cett.   6 sedem *T𝜋*: cedem *cett.*   et] atque *T*: ac *ab*   7
firmissimum *T*: fortissimum *cett.*   9 in] non *T*: nos in *Richter*
10 deseret *k*: deserit (-uit *b¹c²*) *cett.*   11 accus. et tormenta *T*: ac
tormenta accus. *cett.*   14 quaesitor *T*: quaestor *cett.*   16
torqueatur *T𝜋*: Torquate *cett.*   20 verissima et gravissima *T*:
gravissima et verissima *𝜋a*: gravissima *cett.*   27 disceptationibus
Madvig

culis vitam unius cuiusque esse testem. Quam vos, iudices,
nolite armis suis spoliatam atque nudatam obicere invidiae,
dedere suspicioni ; munite communem arcem bonorum, ob-
struite perfugia improborum ; valeat ad poenam et ad salutem vita plurimum, quam solam videtis per se ex sua natura 5
facillime perspici, subito flecti fingique non posse.

29
80   Quid vero ? haec auctoritas—saepe enim est de ea dicendum, quamquam a me timide modiceque dicetur—quid ?
inquam, haec auctoritas nostra, qui a ceteris coniurationis
causis abstinuimus, P. Sullam defendimus, nihil hunc tan- 10
dem iuvabit ? Grave est hoc dictu fortasse, iudices, grave,
si appetimus aliquid ; si, cum ceteri de nobis silent, non
etiam nosmet ipsi tacemus, grave ; sed, si laedimur, si
accusamur, si in invidiam vocamur, profecto conceditis,
iudices, ut nobis libertatem retinere liceat, si minus 15
81 liceat dignitatem.   Accusati sunt uno nomine *omnes* consulares, ut iam videatur honoris amplissimi nomen plus
invidiae quam dignitatis adferre.   'Adfuerunt,' inquit,
'Catilinae illumque laudarunt.'   Nulla tum patebat, nulla
erat cognita coniuratio ; defendebant amicum, aderant sup- 20
plici, vitae eius turpitudinem in summis eius periculis non
insequebantur.   Quin etiam parens tuus, Torquate, consul
reo de pecuniis repetundis Catilinae fuit advocatus, improbo
homini, at supplici, fortasse audaci, at aliquando amico.
Cui cum adfuit post delatam ad eum primam illam coniu- 25
rationem, indicavit se audisse aliquid, non credidisse.   'At
idem non adfuit alio in iudicio, cum adessent ceteri.'   Si
postea cognorat ipse aliquid quod in consulatu ignorasset,

    5 vita π : *om. cett.*   per se *Mommsen* : ipse *T* : ipsam *cett.*
ex sua *T* : ex vi sua (ex nat. sua et in π) *cett.*, *cf.* § 71, *Caec.* 88. 104
natura *Tπ* : naturaque *cett.*   7 saepe *Spengel* : semper *codd.*   8
modiceque *Tπk* : et modice *b* : modice *cett.*   9 inquam *om. bc*[1]
11 grave est hoc dictum (*corr. Madvig*) fortasse iudices *E* : *om. cett.*
14 concedetis *S*   16 omnes *supplevi* (*hoc loco, ante* uno *Lambinus*)
19 tum] tamen *abc*   23 repetundis] *hic incipit E*   26 iudicavit *TΣ*   27 si *Σbk* : sed *cett.*

ignoscendum est eis qui postea nihil audierunt ; sin illa res
prima valuit, num inveterata quam recens debuit esse
gravior ? Sed si tuus parens etiam in ipsa suspicione periculi sui tamen humanitate adductus advocationem hominis
5 improbissimi sella curuli atque ornamentis et suis et consulatus honestavit, quid est quam ob rem consulares qui
Catilinae adfuerunt reprendantur? 'At idem eis qui ante 82
hunc causam de coniuratione dixerunt non adfuerunt.'
Tanto scelere astrictis hominibus statuerunt nihil a se adiu-
10 menti, nihil opis, nihil auxili ferri oportere. Atque ut de
eorum constantia atque animo in rem publicam dicam quorum tacita gravitas et fides de uno quoque loquitur neque
cuiusquam ornamenta orationis desiderat, potest quisquam
dicere umquam meliores, fortiores, constantiores consularis
15 fuisse quam his temporibus et periculis quibus paene oppressa est res publica? Quis non de communi salute
optime, quis non fortissime, quis non constantissime sensit?
Neque ego praecipue de consularibus disputo ; nam haec
et hominum ornatissimorum,qui praetores fuerunt,et universi
20 senatus communis est laus, ut constet post hominum memoriam numquam in illo ordine plus virtutis, plus amoris
in rem publicam, plus gravitatis fuisse ; sed quia sunt de-
scripti consulares, de his tantum mihi dicendum putavi
quod satis esset ad testandam omnium memoriam, neminem
25 esse ex illo honoris gradu qui non omni studio, virtute,
auctoritate incubuerit ad rem publicam conservandam.

Sed quid ego ? qui Catilinam non laudavi, qui reo Cati- 80
linae consul non adfui, qui testimonium de coniuratione F3
dixi in alios, adeone vobis alienus a sanitate, adeo oblitus

---

1 iis *edd. VR* : his *codd.*   2 num *TE* : non *cett*   3 ipsa
TE : illa *cett*.   7 reprehendantur *codd*.   iis *edd. VR* : is aΣg :
his *cett*.   10 ferre *TE*   13 dicere quisquam *Ek*   15 his]
iis *ed. R*   17 optime *Spengel* : apertissime (aptissime *c*¹˙ *codd*.   18
dico seu disputo *b*²χψc   24 ad testandam (-dum *T*) *TE*, *l.ambinus* :
attestantem (-tationem *k*) *cett*.   omnium memoriam *TE* : memoriam omnium *cett*.   27 quid ego ? *a, Reid* : quid ? Ego *cett*.

constantiae meae, adeo immemor rerum a me gestarum
esse videor ut, cum consul bellum gesserim cum coniuratis,
nunc eorum ducem servare cupiam et animum inducam,
cuius nuper ferrum rettuderim flammamque restinxerim,
eiusdem nunc causam vitamque defendere? Si me dius 5
fidius, iudices, non me ipsa res publica meis laboribus et
periculis conservata ad gravitatem animi et constantiam sua
dignitate revocaret, tamen hoc natura est insitum ut, quem
timueris, quicum de vita fortunisque contenderis, cuius ex
insidiis evaseris, hunc semper oderis. Sed cum agatur honos 10
meus amplissimus, gloria rerum gestarum singularis, cum,
quotiens quisque est in hoc scelere convictus, totiens reno-
vetur memoria per me inventae salutis, ego sim tam demens,
ego committam ut ea quae pro salute omnium gessi, casu
magis et felicitate a me quam virtute et consilio gesta esse 15
84 videantur? 'Quid ergo? hoc tibi sumis,' dicet fortasse
quispiam, 'ut, quia tu defendis, innocens iudicetur?' Ego
vero, iudices, non modo mihi nihil adsumo in quo quispiam
repugnet sed etiam, si quid ab omnibus conceditur, id reddo
ac remitto. Non in ea re publica versor, non eis tempori- 20
bus caput meum obtuli pro patria periculis omnibus, non
aut ita sunt exstincti quos vici aut ita grati quos servavi, ut
ego mihi plus appetere coner quam quantum omnes inimici
85 invidique patiantur. Grave esse videtur eum qui investi-
garit coniurationem, qui patefecerit, qui oppresserit, cui 25
senatus singularibus verbis gratias egerit, cui uni togato
supplicationem decreverit, dicere in iudicio : 'non defenderem, si coniurasset.' Non dico id quod grave est, dico illud
quod in his causis coniurationis non auctoritati adsumam,

    3 et animum *Sylvius* : et (*om.* Σ¹) in animum *codd.*   4 rettud.
Halm : retud. *codd.*   12 quisque *TπΣ¹b¹* : quisquam *cett.*   in
del. Lambinus   17 defendis *TEπb²c* : defenderis *cett.*   21
meum caput *E*   patriae *codd.* : *corr. ed. Crat.*   23 ego] eo
TaΣ¹bχ   quam quantum] quamquam tum *TEa*   24 esse videtur
eum *TEh* : esse eum (eum esse *πg*) videtur *cett.* : *fort.* esse *delendum*

sed pudori meo : ' ego ille coniurationis investigator atque
ultor certe non defenderem Sullam, si coniurasse arbitrarer.'
Ego, iudices, de tantis omnium periculis cum quaererem
omnia, multa audirem, crederem non omnia, caverem omnia,
5 dico hoc quod initio dixi, nullius indicio, nullius nuntio,
nullius suspicione, nullius litteris de P. Sulla rem ullam
ad me esse delatam.

Quam ob rem vos, di patrii ac penates, qui huic urbi $^{31}_{86}$
atque huic rei publicae praesidetis, qui hoc imperium, qui
10 hanc libertatem, qui populum Romanum, qui haec tecta
atque templa me consule vestro numine auxilioque servastis,
testor integro me animo ac libero P. Sullae causam defendere, nullum a me sciente facinus occultari, nullum scelus
susceptum contra salutem omnium defendi ac tegi.   Nihil
15 de hoc consul comperi, nihil suspicatus sum, nihil audivi.
Itaque idem ego ille qui vehemens in alios, qui inexorabilis 87
in ceteros esse visus sum, persolvi patriae quod debui ;
reliqua iam a me meae perpetuae consuetudini naturaeque
debentur ; tam sum misericors, iudices, quam vos, tam mitis
20 quam qui lenissimus ; in quo vehemens fui vobiscum nihil
feci nisi coactus, rei publicae praecipitanti subveni, patriam
demersam extuli ; misericordia civium adducti tum fuimus
tam vehementes quam necesse fuit.   Salus esset amissa
omnium una nocte, nisi esset severitas illa suscepta. Sed ut
25 ad sceleratorum poenam amore rei publicae sum adductus,
sic ad salutem innocentium voluntate deducor.

Nihil video esse in hoc P. Sulla, iudices, odio dignum, 88
misericordia digna multa.   Neque enim nunc propulsandae
calamitatis suae causa supplex ad vos, iudices, confugit, sed

---

4 multa . . . caverem omnia *om.* T   crederem non omnia *E* :
non crederem omnia *cett.*   5 in initio *T*   iudicio *E*   nullius
nuntio *E* : *om. cett.*   6 nullis litteris *Σbgp*   de P.] de re p.
abgpχϛ : de reatu P. *Σ mg.*   Sulla *TEπ* : Sullae *cett.*   9 rei p.
TEπa : imperio *cett.*   10 qui populum Rom. *TEa* : populumque
Rom. *cett.*   16 in alios *del. Madvig*   22 tum *TE* : tunc *cett.*   23
amissa omnium *TE* : omnium amissa *cett.*   26 ducor *Tπ* : adducor *b²c*

ne qua generi ac nomini suo nota nefariae turpitudinis inuratur. Nam ipse quidem, si erit vestro iudicio liberatus, quae habet ornamenta, quae solacia reliquae vitae quibus laetari ac perfrui possit? Domus erit, credo, exornata, aperientur maiorum imagines, ipse ornatum ac vestitum 5 pristinum recuperabit. Omnia, iudices, haec amissa sunt, omnia generis, nominis, honoris insignia atque ornamenta unius iudici calamitate occiderunt. Sed ne exstinctor patriae, ne proditor, ne hostis appelletur, ne hanc labem tanti sceleris in familia relinquat, id laborat, id metuit, ne denique 10 hic miser coniurati et conscelerati et proditoris filius nominetur; huic puero qui est ei vita sua multo carior metuit, cui honoris integros fructus non sit traditurus, ne aeternam

89 memoriam dedecoris relinquat. Hic vos orat, iudices, parvus, ut se aliquando si non integra fortuna, at ut adflicta 15 patri suo gratulari sinatis. Huic misero notiora sunt itinera iudiciorum et fori quam campi et disciplinarum. Non iam de vita P. Sullae, iudices, sed de sepultura contenditur; vita erepta est superiore iudicio, nunc ne corpus eiciatur laboramus. Quid enim est huic reliqui quod eum in hac 20 vita teneat, aut quid est quam ob rem haec cuiquam vita

32 videatur? Nuper is homo fuit in civitate P. Sulla ut nemo ei se neque honore neque gratia neque fortunis anteferret, nunc spoliatus omni dignitate quae erepta sunt non repetit; quod fortuna in malis reliqui fecit, ut cum parente, cum 25 liberis, cum fratre, cum his necessariis lugere suam calami-

90 tatem liceat, id sibi ne eripiatis vos, iudices, obtestatur. Te ipsum iam, Torquate, expletum huius miseriis esse par erat et, si nihil aliud Sullae nisi consulatum abstulissetis, tamen

---

3 reliqua vitae *E* : vitae reliqua *c*   4 ac *TEπk* : et *cett.*   6 pristinum *E* : om. *cett.*   8 ceciderunt *bc¹*   10 sceleris *TE* : generis *cett.*   10–12 ne denique . . . metuit *TE* : om. *cett.*   14 hoc *T* parvus *TEπk* : patruus *cett.*   15 at ut *TEπ* : ut *apc* : at (ac *g*) *cett.* 16 itinera iudic. *TE* : iudic. itinera *cett.*   17 campi et *E* : et *T* : om. *cett.*   20 hac vita *TEπ* : vita hac *cett.*   26 lugere *TEπab¹* : iungere *cett.*   28 huius] his Σ   esse *TEπa* : om. *cett.*   par erat *TEπ* : pateat *cett.*   29 et si *πaΣψ*, *Müller* : etsi *cett.*

eo vos contentos esse oportebat; honoris enim contentio
vos ad causam, non inimicitiae deduxerunt. Sed cum huic
omnia cum honore detracta sint, cum in hac fortuna miserrima ac luctuosissima destitutus sit, quid est quod expetas
5 amplius? Lucisne hanc usuram eripere vis plenam lacri-
marum atque maeroris, in qua cum maximo cruciatu ac
dolore retinetur? Libenter reddiderit adempta ignominia
foedissimi criminis. An vero inimicum ut expellas? cuius
ex miseriis, si esses crudelissimus, videndo fructum caperes
10 maiorem quam audiendo. O miserum et infelicem illum 91
diem quo consul omnibus centuriis P. Sulla renuntiatus est,
o falsam spem, o volucrem fortunam, o caecam cupiditatem,
o praeposteram gratulationem! Quam cito illa omnia ex
laetitia et voluptate ad luctum et lacrimas recciderunt, ut,
15 qui paulo ante consul designatus fuisset, repente nullum
vestigium retineret pristinae dignitatis! Quid enim erat
mali quod huic spoliato fama, honore, fortunis deesse videretur? aut cui novae calamitati locus ullus relictus? Vrget
eadem fortuna quae coepit, repperit novum maerorem, non
20 patitur hominem calamitosum uno malo adflictum uno in
luctu perire.

    Sed iam impedior egomet, iudices, dolore animi ne de **33**
huius miseria plura dicam. Vestrae sunt iam partes, iudices, 92
in vestra mansuetudine atque humanitate causam totam
25 repono. Vos reiectione interposita nihil suspicantibus nobis
repentini in nos iudices consedistis, ab accusatoribus delecti
ad spem acerbitatis, a fortuna nobis ad praesidium innocentiae constituti. Vt ego quid de me populus Romanus

1 contentos vos *Eπ*   3 miserrima *TE*: misera *cett.*   **4**
sit] est *E*   expetas *E* : expectas (-es *πc*) *cett.*   5 vis] eius *π* :
fort. ei vis   6 ac *TEb* : atque *cett.*   9 maiorem caperes *E*
14 recc. *Zielinski* : rec. *codd.*   16 retineret *hoc loco hab. TE, post*
fuisset (*om.* repente *a*) *cett.*   17 fama honore *TEπ*: honore fama
cett.   18 relictus] esset (est *b¹* : esse *cod. H. Stephani*) add. *codd.* :
ego delevi   20 malo *TE* : modo *cett.*   23 sunt iam *TEπ*: iam
sunt *cett.*   25 vos *Schol.* : vos ex *TE* : vos et (etiam *k*) *cett.*

existimaret, quia severus in improbos fueram, laboravi et,
quae prima innocentis mihi defensio est oblata, suscepi, sic
vos severitatem iudiciorum quae per hos mensis in homines
audacissimos facta sunt lenitate ac misericordia mitigate.

93 Hoc cum a vobis impetrare causa ipsa debet, tum est vestri 5
animi atque virtutis declarare non esse eos vos ad quos
potissimum interposita reiectione devenire convenerit.   In
quo ego vos, iudices, quantum meus in vos amor postulat,
tantum hortor ut communi studio, quoniam in re publica
coniuncti sumus, mansuetudine et misericordia nostra falsam 10
a nobis crudelitatis famam repellamus.

4 sunt *TE, Lambinus* : est *cett.*   5 a vobis impetrare *TE* :
impetrare a vobis *cett.*   causa ipsa *TE* : ipsa causa *cett.*   8 vos
iudices *TE* : iudices vos *cett*   in vos amor *TE* : amor in vos *cett.*
10 nostra Σ*h* : vestra *cett.*   11 vobis πχc², *ed. R*

M. TVLLI CICERONIS

PRO ARCHIA POETA ORATIO

SIGLA

G = cod. Bruxellensis 5352, saecl. xii
E = cod. Erfurtensis, saecl. xii/xiii
e = cod. Palatinus 1525
a = cod. Laur. (S. Crucis) xxiii. Sin. 3, saecl. xiv
p = cod. Palatinus 1820, A.D. 1394 scriptus
Σ = cod. Paris. 14749
g = cod. Paris. 16228
b = cod. S. Marci 255, Flor. Bibl. Nat. I. iv. 4
χ = cod. S. Marci 254, Flor. Bibl. Nat. I. iv. 5
c = cod. Oxon. Canonici 226
k = cod. Paris. 7779, A. D. 1459 scriptus
ς = codd. ck
Schol. = Scholiasta Bobiensis

M. TVLLI CICERONIS
PRO ARCHIA POETA ORATIO

Sɪ quid est in me ingeni, iudices, quod sentio quam sit [1]
exiguum, aut si qua exercitatio dicendi, in qua me non
infitior mediocriter esse versatum, aut si huiusce rei ratio
aliqua ab optimarum artium studiis ac disciplina profecta,
5 a qua ego nullum confiteor aetatis meae tempus abhorruisse,
earum rerum omnium vel in primis hic A. Licinius fructum
a me repetere prope suo iure debet. Nam quoad longissime
potest mens mea respicere spatium praeteriti temporis et
pueritiae memoriam recordari ultimam, inde usque repetens
10 hunc video mihi principem et ad suscipiendam et ad in-
grediendam rationem horum studiorum exstitisse. Quod si
haec vox huius hortatu praeceptisque conformata non nullis
aliquando saluti fuit, a quo id accepimus quo ceteris opi-
tulari et alios servare possemus, huic profecto ipsi, quantum
15 est situm in nobis, et opem et salutem ferre debemus. Ac [2]
ne quis a nobis hoc ita dici forte miretur, quod alia quaedam in hoc facultas sit ingeni neque haec dicendi ratio aut
disciplina, ne nos quidem huic uni studio penitus umquam
dediti fuimus. Etenim omnes artes quae ad humanitatem
20 pertinent habent quoddam commune vinclum et quasi co-
gnatione quadam inter se continentur. Sed ne cui vestrum [2]
mirum esse videatur, me in quaestione legitima et in iudicio [3]

---

1 est ingenii in me quod *Quintil.* xi. 1. 19, 3. 97   3 huiusce-
modi *ag*   6 Licinius] Archia *add. Ga*   7 petere *E*   14 possumus *GEs* (*peiore numero*)   17 aut] ac *Σb*   18 ne *GEsb*: nec
cett.   huic uni *Lambinus* : huic cuncti *codd.* : huicce uni *Puteanus*
20 vinclum *GΣgp* : vinculum *cett.*

publico, cum res agatur apud praetorem populi Romani,
lectissimum virum, et apud severissimos iudices, tanto con-
ventu hominum ac frequentia hoc uti genere dicendi quod
non modo a consuetudine iudiciorum verum etiam a forensi
sermone abhorreat, quaeso a vobis ut in hac causa mihi 5
detis hanc veniam accommodatam huic reo, vobis, quem
ad modum spero, non molestam, ut me pro summo poeta
atque eruditissimo homine dicentem hoc concursu hominum
litteratissimorum, hac vestra humanitate, hoc denique praetore exercente iudicium, patiamini de studiis humanitatis 10
ac litterarum paulo loqui liberius, et in eius modi persona
quae propter otium ac studium minime in iudiciis peri-
culisque tractata est uti prope novo quodam et inusitato
4 genere dicendi. Quod si mihi a vobis tribui concedique
sentiam, perficiam profecto ut hunc A. Licinium non modo 15
non segregandum, cum sit civis, a numero civium verum
etiam, si non esset, putetis asciscendum fuisse.

3   Nam ut primum ex pueris excessit Archias atque ab eis
artibus quibus aetas puerilis ad humanitatem informari solet,
se ad scribendi studium contulit, primum Antiochiae— 20
nam ibi natus est loco nobili—celebri quondam urbe et
copiosa atque eruditissimis hominibus liberalissimisque
studiis adfluenti, celeriter antecellere omnibus ingeni gloria
coepit. Post in ceteris Asiae partibus cunctaque Graecia
sic eius adventus celebrabantur ut famam ingeni exspectatio 25
hominis, exspectationem ipsius adventus admiratioque su-
5 peraret. Erat Italia tum plena Graecarum artium ac disciplinarum, studiaque haec et in Latio vehementius tum
colebantur quam nunc isdem in oppidis, et hic Romae
propter tranquillitatem rei publicae non neglegebantur. Ita- 30

1 res agitatur *Schol.*   2 rectissimum *Schol.*   5 hac *om. e*
14 mihi *om. Et*   18 iis ς : his *cett.*   21 in urbe *Rinkes*   24
coepit *Ernesti*: contigit (-ingit *e*) *codd.*   cunctaeque Graeciae
codd.: *corr. Puteanus*   25 celebrabatur *aβ²*: celebrantur *Ecb*
26 admirationemque *GEe*   27 tum *GEeb¹g*: tunc *cett.*   30
rei p. *b²*, *ed. R* : populi R. *cett.*

que hunc et Tarentini *et Locrenses* et Regini et Neapolitani
civitate ceterisque praemiis donarunt, et omnes qui aliquid
de ingeniis poterant iudicare cognitione atque hospitio
dignum existimarunt.   Hac tanta celebritate famae cum
5 esset iam absentibus notus, Romam venit Mario consule
et Catulo.   Nactus est primum consules eos quorum alter
res ad scribendum maximas, alter cum res gestas tum etiam
studium atque auris adhibere posset.   Statim Luculli, cum
praetextatus etiam tum Archias esset, eum domum suam
10 receperunt.   Dedit etiam hoc non solum *lumen* ingeni ac
litterarum verum etiam naturae atque virtutis ut domus,
quae huius adulescentiae prima favit, eadem esset familia-
rissima senectuti.   Erat temporibus illis iucundus Q. Metello 6
illi Numidico et eius Pio filio, audiebatur a M. Aemilio,
15 vivebat cum Q. Catulo et patre et filio, a L. Crasso cole-
batur, Lucullos vero et Drusum et Octavios et Catonem et
totam Hortensiorum domum devinctam consuetudine cum
teneret, adficiebatur summo honore, quod eum non solum
colebant qui aliquid percipere atque audire studebant verum
20 etiam si qui forte simulabant.   Interim satis longo inter- 4
vallo, cum esset cum M. Lucullo in Siciliam profectus et
cum ex ea provincia cum eodem Lucullo decederet, venit
Heracleam.   Quae cum esset civitas aequissimo iure ac
foedere, ascribi se in eam civitatem voluit idque, cum ipse
25 per se dignus putaretur, tum auctoritate et gratia Luculli
ab Heracliensibus impetravit.   Data est civitas Silvani lege 7
et Carbonis: SI QVI FOEDERATIS CIVITATIBVS ASCRIPTI
FVISSENT, SI TVM CVM LEX FEREBATVR IN ITALIA DOMI-

1 hunc] unum *Schol.*   et Locrenses *suppl. Luterbacher e* § 10
(*om. Schol.*)   9 domum *Geab*² : in domum *cett.*   10 dedit
etiam hoc *scripsi*: sed etiam (est *b*², et ⸌) hoc *codd.* : est iam hoc
Garatoni: specimen etiam hoc *Madvig*   lumen (*i.e.* lum̄) *supplevi*
12 favit *Madvig* : fuerit (fuit Σ*b*¹*gp*⸌) *codd.* : faverit *Weiske*   14
Pio eius *Lambinus* (*contra Schol.*)   20 longo satis Σ*g*   21
M. *Schütz* : L. *codd.*   et cum] et *Lag.* 9   26 Sillani (Sila-
G) *codd.* : *corr. Hotoman*

CILIVM HABVISSENT ET SI SEXAGINTA DIEBVS APVD PRAE-
TOREM ESSENT PROFESSI. Cum hic domicilium Romae
multos iam annos haberet, professus est apud praetorem
8 Q. Metellum, familiarissimum suum. Si nihil aliud nisi
de civitate ac lege dicimus, nihil dico amplius ; causa dicta 5
est. Quid enim horum infirmari, Gratti, potest? Hera-
cleaene esse tum ascriptum negabis? Adest vir summa
auctoritate et religione et fide, M. Lucullus ; qui se non
opinari sed scire, non audisse sed vidisse, non interfuisse
sed egisse dicit. Adsunt Heraclienses legati, nobilissimi 10
homines, huius iudici causa cum mandatis et cum publico
testimonio venerunt ; qui hunc ascriptum Heracliae esse
dicunt. Hic tu tabulas desideras Heracliensium publicas,
quas Italico bello incenso tabulario interisse scimus omnes ?
Est ridiculum ad ea quae habemus nihil dicere, quaerere 15
quae habere non possumus, et de hominum memoria tacere,
litterarum memoriam flagitare et, cum habeas amplissimi
viri religionem, integerrimi municipi ius iurandum fidem-
que, ea quae depravari nullo modo possunt repudiare,
9 tabulas quas idem dicis solere corrumpi desiderare. An 20
domicilium Romae non habuit is qui tot annis *ante* civitatem datam sedem omnium rerum ac fortunarum suarum
Romae conlocavit? An non est professus? Immo vero
eis tabulis professus quae solae ex illa professione conlegio-
que praetorum obtinent publicarum tabularum auctoritatem. 25
5 Nam, cum Appi tabulae neglegentius adservatae dicerentur,
Gabini, quam diu incolumis fuit, levitas, post damnationem

---

5 ac] hac *Puteanus*   6 Gratti *Bücheler* (*ita* § 12 *GEe*) : gratis
(gracche *b²* : a gracchis ς) *codd.*   7 tum] tamen *a* : eum *c* : civem
eum *k* : tu eum *Halm*   9 audisse *GEe* : audivisse *cett.*   11 qui
huius *Naugerius* (2)   12 venerunt *del. Mommsen*   Heracliae esse
Lambinus : Heracliensem *codd.*   13 tabulas Σ*b¹p, Schol.* : tabellas
cett.   desideres *Schol.*   publicas *om. Schol.*   15 habemus]
videmus *G*   20 an *GEe* : at (ad *a*) *cett.*   21 ante χ : *om. cett.*
civitatem datam *GEea* : civitate data (-am *p¹*) *cett.*   23 an *G¹Eeph* :
at *cett.*   24 iis *Manutius* : his *codd.*   27 Gabini *GEe* :
Gabii *cett.*

calamitas omnem tabularum fidem resignasset, Metellus,
homo sanctissimus modestissimusque omnium, tanta diligentia fuit ut ad L. Lentulum praetorem et ad iudices
venerit et unius nominis litura se commotum esse dixerit.
5 His igitur *in* tabulis nullam lituram in nomine A. Licini
videtis. Quae cum ita sint, quid est quod de eius civitate 10
dubitetis, praesertim cum aliis quoque in civitatibus fuerit
ascriptus? Etenim cum mediocribus multis et aut nulla
aut humili aliqua arte praeditis gratuito civitatem in Graecia
10 homines impertiebant, Reginos credo aut Locrensis aut
Neapolitanos aut Tarentinos, quod scaenicis artificibus
largiri solebant, id huic summa ingeni praedito gloria noluisse! Quid? cum ceteri non modo post civitatem datam
sed etiam post legem Papiam aliquo modo in eorum
15 municipiorum tabulas inrepserunt, hic qui ne utitur quidem
illis in quibus est scriptus, quod semper se Heracliensem
esse voluit, reicietur? Census nostros requiris. Scilicet; 11
est enim obscurum proximis censoribus hunc cum clarissimo imperatore L. Lucullo apud exercitum fuisse, su-
20 perioribus cum eodem quaestore fuisse in Asia, primis
Iulio et Crasso nullam populi partem esse censam. Sed,
quoniam census non ius civitatis confirmat ac tantum modo
indicat eum qui sit census ita se iam tum gessisse, pro cive,
eis temporibus *is* quem tu criminaris ne ipsius quidem
25 iudicio in civium Romanorum iure esse versatum et testa-
mentum saepe fecit nostris legibus, et adiit hereditates
civium Romanorum, et in beneficiis ad aerarium delatus

5 in *suppl. Eberhard*   nomine $ε\Sigma bg\chi^2$: nomen *cett.*   7
dubitatis *GEa*   in *om.* χ^1, *del. Lambinus*   8 et *om.* Eχ 9
gratuito] gravat in (*sup. lin.* vel gratuito) *G* : vel gratuito gravat *Ee* :
haud gravatim *E. Thomas*   in Graecia] Graii *Madvig*   11 scaen.
$G^2\varsigma$: scen. *cett.*   12 noluisse sed credendum est *Ee*   13 cum
del. Eberhard   15 irrepserint *Manutius*   ne *c* : nec (non *a*) *cett.*
17 requiris scilicet.   Est *codd.* : *corr. Manutius*   21 censeam
GEea   23 pro cive *del. Richter*   24 iis *Manutius* : his *codd.*
is *suppl. C. Fr. Müller*   quem *Garatoni* : quae (-e) *codd.*

6 est a L. Lucullo pro consule. Quaere argumenta, si quae
potes; numquam enim hic neque suo neque amicorum
iudicio revincetur.

12 Quaeres a nobis, Gratti, cur tanto opere hoc homine
delectemur. Quia suppeditat nobis ubi et animus ex hoc 5
forensi strepitu reficiatur et aures convicio defessae con-
quiescant. An tu existimas aut suppetere nobis posse quod
cotidie dicamus in tanta varietate rerum, nisi animos nostros
doctrina excolamus, aut ferre animos tantam posse contentionem, nisi eos doctrina eadem relaxemus? Ego vero fateor 10
me his studiis esse deditum. Ceteros pudeat, si qui ita se
litteris abdiderunt ut nihil possint ex eis neque ad communem adferre fructum neque in aspectum lucemque proferre;
me autem quid pudeat qui tot annos ita vivo, iudices, ut a
nullius umquam me tempore aut commodo aut otium meum 15
abstraxerit aut voluptas avocarit aut denique somnus retar-
13 darit? Qua re quis tandem me reprehendat, aut quis mihi
iure suscenseat, si, quantum ceteris ad suas res obeundas,
quantum ad festos dies ludorum celebrandos, quantum ad
alias voluptates et ad ipsam requiem animi et corporis 20
conceditur temporum, quantum alii tribuunt tempestivis con-
viviis, quantum denique alveolo, quantum pilae, tantum mihi
egomet ad haec studia recolenda sumpsero? Atque id eo
mihi concedendum est magis quod ex his studiis haec quoque
crescit oratio et facultas quae, quantacumque *est* in me, num- 25
quam amicorum periculis defuit. Quae si cui levior videtur,
illa quidem certe quae summa sunt ex quo fonte hauriam

1 pro consule *Graevius*: praetore consule *E*: praetore (p. r. *Ge*)
et consule *cett.* quae *GEe*: qua *cett.* 2 hic *om. Ea* 3
convincetur *Lambinus* 4 quaeris *ab* Gratti *GEe*: grachi *a*:
gracche (-ce *Σbg*) *cett.* tanto opere *Ge*: tantopere *cett.* hoc nomine
E 5 et animus ex (*om.* ex χ¹) *b²*χ²: et (*om. ea*) enim lex *GEsagp*:
et enim (*om.* enim *k*) vox *cett.* 11 se ita *Σbgpĸ* 12 iis *c²*,
Madvig: his *cett.* 16 avocaverit *G* 21 temporis *b¹* 22
alveolo *GEe*: aleae *cett.* 23 id eo *Nauck*: hoc adeo *GEea*: hoc
ideo *cett.* 25 est χ*k*: *om. cett.* (*post* me *suppl. Angelius*)

sentio. Nam nisi multorum praeceptis multisque litteris 14
mihi ab adulescentia suasissem nihil esse in vita magno
opere expetendum nisi laudem atque honestatem, in ea
autem persequenda omnis cruciatus corporis, omnia pericula
5 mortis atque exsili parvi esse ducenda, numquam me pro
salute vestra in tot ac tantas dimicationes atque in hos
profligatorum hominum cotidianos impetus obiecissem. Sed
pleni omnes sunt libri, plenae sapientium voces, plena exem-
plorum vetustas; quae iacerent in tenebris omnia, nisi litte-
10 rarum lumen accederet. Quam multas nobis imagines non
solum ad intuendum verum etiam ad imitandum fortissimorum virorum expressas scriptores et Graeci et Latini reliquerunt! quas ego mihi semper in administranda re publica
proponens animum et mentem meam ipsa cogitatione homi-
15 num excellentium conformabam.

Quaeret quispiam: 'quid? illi ipsi summi viri quorum **7**
virtutes litteris proditae sunt istane doctrina quam tu effers 15
laudibus eruditi fuerunt?' Difficile est hoc de omnibus
confirmare, sed tamen est certum quid respondeam. Ego
20 multos homines excellenti animo ac virtute fuisse sine doctrina, et naturae ipsius habitu prope divino per se ipsos et
moderatos et gravis exstitisse fateor; etiam illud adiungo,
saepius ad laudem atque virtutem naturam sine doctrina
quam sine natura valuisse doctrinam. Atque idem ego hoc
25 contendo, cum ad naturam eximiam et inlustrem accesserit
ratio quaedam conformatioque doctrinae, tum illud nescio
quid praeclarum ac singulare solere exsistere. Ex hoc esse 16
hunc numero quem patres nostri viderunt, divinum hominem,
Africanum, ex hoc C. Laelium, L. Furium, moderatissimos

5 exilia *GEs*   7 conlecissem *Halm*   8 sunt omnes *Eeχ*
sapientium *Gep* : sapientum *cett.*   10 accenderet *Eeχ5*   19
quod *GEea*   20 sine doctrina et *Schütz* : et (*om. p* : etiam *bχ*[1])
sine doctrina *codd.*   21-23 naturae . . . doctrina *om. Es*   24
hoc *GEs* : *om. cett.*   25 et *GEs* : atque *cett.*   26 oratio *Σb¹gp*
conformatio *GE* : confirmatio *cett.*   27 esse *om. e*   28 hunc]
illum *Garatoni*   29 modestissimos *Σbg*

homines et continentissimos, ex hoc fortissimum virum et
illis temporibus doctissimum, *M.* Catonem illum senem ; qui
profecto si nihil ad percipiendam colendamque virtutem
litteris adiuvarentur, numquam se ad earum studium con-
tulissent. Quod si non hic tantus fructus ostenderetur, et 5
si ex his studiis delectatio sola peteretur, tamen, ut opinor,
hanc animi remissionem humanissimam ac liberalissimam
iudicaretis. Nam ceterae neque temporum sunt neque aeta-
tum omnium neque locorum ; at haec studia adulescentiam
acuunt, senectutem oblectant, secundas res ornant, adversis 10
perfugium ac solacium praebent, delectant domi, non impediunt foris, pernoctant nobiscum, peregrinantur, rusticantur.
17   Quod si ipsi haec neque attingere neque sensu nostro
gustare possemus, tamen ea mirari deberemus, etiam cum
8 in aliis videremus. Quis nostrum tam animo agresti ac 15
duro fuit ut Rosci morte nuper non commoveretur? qui
cum esset senex mortuus, tamen propter excellentem artem
ac venustatem videbatur omnino mori non debuisse. Ergo
ille corporis motu tantum amorem sibi conciliarat a nobis
omnibus ; nos animorum incredibilis motus celeritatemque 20
18 ingeniorum neglegemus? Quotiens ego hunc Archiam vidi,
iudices,—utar enim vestra benignitate, quoniam me in hoc
novo genere dicendi tam diligenter attenditis—quotiens ego
hunc vidi, cum litteram scripsisset nullam, magnum numerum optimorum versuum de eis ipsis rebus quae tum age- 25
rentur dicere ex tempore, quotiens revocatum eandem rem
dicere commutatis verbis atque sententiis ! Quae vero accu-
rate cogitateque scripsisset, ea sic vidi probari ut ad veterum
scriptorum laudem perveniret. Hunc ego non diligam, non

2 M. *suppl. Manutius*   3 que *om. GEe*   7 animadver-
sionem (animi adv. *e*) *codd.* : *corr. Bonamicus* (*Muretus Var. Lect.* xii.
15)   9 at *GEe* : *om. cett.*   10 acuunt *Gulielmius* : agunt *codd.* :
alunt *ed. Hervag.*   11 profugium *Gap*   15 quis animo tam
agresti et *Schol.*   16 morte non moveretur *Schol.*   20 nos] hos
Ernesti   21 negligimus *aΣgp*   25 iis *χk, ed. V* : his *cett.*   agebantur *b²*   26 quotiens ego *G*   29 perveniret *GEe* : pervenirent *cett.*

admirer, non omni ratione defendendum putem? Atque
sic a summis hominibus eruditissimisque accepimus, ceterarum rerum studia ex doctrina et praeceptis et arte constare,
poetam natura ipsa valere et mentis viribus excitari et quasi
5 divino quodam spiritu inflari. Qua re suo iure noster ille
Ennius 'sanctos' appellat poetas, quod quasi deorum aliquo
dono atque munere commendati nobis esse videantur. Sit 19
igitur, iudices, sanctum apud vos, humanissimos homines,
hoc poetae nomen quod nulla umquam barbaria violavit.
10 Saxa atque solitudines voci respondent, bestiae saepe immanes cantu flectuntur atque consistunt; nos instituti rebus
optimis non poetarum voce moveamur? Homerum Colophonii civem esse dicunt suum, Chii suum vindicant, Salaminii
repetunt, Smyrnaei vero suum esse confirmant itaque etiam
15 delubrum eius in oppido dedicaverunt, permulti alii praeterea
pugnant inter se atque contendunt. Ergo illi alienum, quia 9
poeta fuit, post mortem etiam expetunt; nos hunc vivum qui
et voluntate et legibus noster est repudiamus, praesertim cum
omne olim studium atque omne ingenium contulerit Archias
20 ad populi Romani gloriam laudemque celebrandam? Nam
et Cimbricas res adulescens attigit et ipsi illi C. Mario qui
durior ad haec studia videbatur iucundus fuit. Neque enim 10
quisquam est tam aversus a Musis qui non mandari versibus aeternum suorum laborum praeconium facile patiatur.
25 Themistoclem illum, summum Athenis virum, dixisse aiunt,
cum ex eo quaereretur quod acroama aut cuius vocem libentissime audiret: 'eius a quo sua virtus optime praedicaretur.'

---

1 atque *GEe* : atqui *cell.*   3 ex *Müller* : et *codd.*   5 inflammari *b²* : afflari *ed. V*   7 commodati *Gulielmius*   videntur
Ee   10 atque *Quintil.* (*quinque locis*) : et *codd.*   voci *Quintil.* :
voce *codd.*   13 Chii suum] Chii sibi *P. Thomas*   15 eius] ei
Lambinus   17 qui et *b²k* : qui *ab¹* : et qui *cett.*   18 repudiabimus *Lag.* 9, *Naugerius* (1)   23 est *om. e, post* enim *hab. Σbg*
24 praeconium facile *k, Angelius* : facile praeconium *cett.* (*cf. Zielinski*
p. 204)   26 quod] qualia carmina quod *Ee*   ACROAMA Σ :
ἀκρόαμα *b mg.* : om. *p in lac.*

Itaque ille Marius item eximie L. Plotium dilexit, cuius in-
21 genio putabat ea quae gesserat posse celebrari. Mithridati-
cum vero bellum magnum atque difficile et in multa varietate
terra marique versatum totum ab hoc expressum est; qui
libri non modo L. Lucullum, fortissimum et clarissimum vi- 5
rum, verum etiam populi Romani nomen inlustrant. Populus
enim Romanus aperuit Lucullo imperante Pontum et regiis
quondam opibus et ipsa natura et regione vallatum, populi
Romani exercitus eodem duce non maxima manu innumera-
bilis Armeniorum copias fudit, populi Romani laus est urbem 10
amicissimam Cyzicenorum eiusdem consilio ex omni impetu
regio atque totius belli ore ac faucibus ereptam esse atque
servatam; nostra semper feretur et praedicabitur L. Lucullo
dimicante, cum interfectis ducibus depressa hostium classis
est, incredibilis apud Tenedum pugna illa navalis, nostra 15
sunt tropaea, nostra monumenta, nostri triumphi. Quae
quorum ingeniis efferuntur, ab eis populi Romani fama cele-
22 bratur. Carus fuit Africano superiori noster Ennius, itaque
etiam in sepulcro Scipionum putatur is esse constitutus ex
marmore. At eis laudibus certe non solum ipse qui laudatur 20
sed etiam populi Romani nomen ornatur. In caelum huius
proavus Cato tollitur; magnus honos populi Romani rebus
adiungitur. Omnes denique illi Maximi, Marcelli, Fulvii
10 non sine communi omnium nostrum laude decorantur. Ergo
illum qui haec fecerat, Rudinum hominem, maiores nostri in 25
civitatem receperunt; nos hunc Heracliensem multis civitatibus expetitum, in hac autem legibus constitutum de
nostra civitate eiciamus?

1 item om. Σbgϛ   4 mari terraque G   8 natura et Mommsen: naturae (-ra ebχϛ) codd.   regionis bχϛ   12 atque GEeb:
ac cett.: atque e Halm   15 est Heumann: et codd.   16 quae
G¹Ee: quia cett. (G²)   17 efferuntur Görens: haec (hec aΣbg)
feruntur codd.: ecferuntur Stürenberg   19 ex marmore. At iis
Fascitellus: et marmoratis codd.: ex marmore; cuius Mommsen
20 ipse ... laudatur GEeab²: ipsi ... laudantur (-atur p) cett.   25
Rudinum Schol., A. Augustinus: rudem tum (tu Ee: tamen Σgpϛ) codd.
26 a multis Lambinus   28 eiciamus G: eiecimus e: eiciemus cett.

Nam si quis minorem gloriae fructum putat ex Graecis 23
versibus percipi quam ex Latinis, vehementer errat, propterea
quod Graeca leguntur in omnibus fere gentibus, Latina suis
finibus exiguis sane continentur.   Qua re, si res eae quas
5 gessimus orbis terrae regionibus definiuntur, cupere debemus,
quo hominum nostrorum tela pervenerint, eodem gloriam
famamque penetrare, quod cum ipsis populis de quorum
rebus scribitur haec ampla sunt, tum eis certe qui de vita
gloriae causa dimicant hoc maximum et periculorum incita-
10 mentum est et laborum.   Quam multos scriptores rerum 24
suarum magnus ille Alexander secum habuisse dicitur ! Atque is tamen, cum in Sigeo ad Achillis tumulum astitisset :
'o fortunate,' inquit, 'adulescens, qui tuae virtutis Homerum
praeconem inveneris !' Et vere. Nam, nisi Ilias illa ex-
15 stitisset, idem tumulus qui corpus eius contexerat nomen
etiam obruisset.   Quid ? noster hic Magnus qui cum virtute
fortunam adaequavit, nonne Theophanem Mytilenaeum,
scriptorem rerum suarum, in contione militum civitate donavit, et nostri illi fortes viri, sed rustici ac milites, dulcedine
20 quadam gloriae commoti quasi participes eiusdem laudis
magno illud clamore approbaverunt ? Itaque, credo, si civis 25
Romanus Archias legibus non esset, ut ab aliquo imperatore
civitate donaretur perficere non potuit. Sulla cum Hispanos
et Gallos donaret, credo, hunc petentem repudiasset ; quem
25 nos vidimus, cum ei libellum malus poeta de populo subie-
cisset, quod epigramma in eum fecisset tantum modo alternis
versibus longiusculis, statim ex eis rebus quas tum vendebat
iubere ei praemium tribui, sed ea condicione ne quid postea

6 hominum nostrorum *Bases* : minus (*om. c²k, del. Madvig*) manuum
nostrarum *codd.*   eodem] eandem *G* : *om. e*   8 iis χϛ : his
cett.   14 inveneris *ebχc* : inveneras (-nisti *b*) *cett.*   Ilias *Naugerius (a)*: illi (illa *a* : *om. E*) ars *codd.*   24 donaret et Gallos *E*
25 nos] in contione *add. codd. e v.* 18 (*malo numero*) : *ego delevi*
videmus *GEea*   27 iis *Manutius* : his *codd., Schol.*   tum *GEe* :
tamen *a* : tunc *cett.* : *om. Schol.*   28 iubere] iussit *a, Schol.*   sed
Schol. : sub *codd.*

scriberet. Qui sedulitatem mali poetae duxerit aliquo tamen
praemio dignam, huius ingenium et virtutem in scribendo et
16 copiam non expetisset?   Quid? a Q. Metello Pio, familiarissimo suo, qui civitate multos donavit, neque per se neque
per Lucullos impetravisset? qui praesertim usque eo de suis 5
rebus scribi cuperet ut etiam Cordubae natis poetis pingue
quiddam sonantibus atque peregrinum tamen auris suas de-
11 deret.   Neque enim est hoc dissimulandum quod obscurari
non potest, sed prae nobis ferendum: trahimur omnes
studio laudis, et optimus quisque maxime gloria ducitur. 10
Ipsi illi philosophi etiam in eis libellis quos de contemnenda
gloria scribunt nomen suum inscribunt; in eo ipso in quo
praedicationem nobilitatemque despiciunt praedicari de se
27 ac *se* nominari volunt.   Decimus quidem Brutus, summus
vir et imperator, Acci, amicissimi sui, carminibus templorum 15
ac monumentorum aditus exornavit suorum.   Iam vero ille
qui cum Aetolis Ennio comite bellavit Fulvius non dubitavit
Martis manubias Musis consecrare.   Qua re, in qua urbe
imperatores prope armati poetarum nomen et Musarum de-
lubra coluerunt, in ea non debent togati iudices a Musarum 20
honore et a poetarum salute abhorrere.
28   Atque ut id libentius faciatis, iam me vobis, iudices, in-
dicabo et de meo quodam amore gloriae nimis acri fortasse,
verum tamen honesto vobis confitebor.   Nam quas res nos
in consulatu nostro vobiscum simul pro salute huius *urbis* 25
atque imperi et pro vita civium proque universa re publica
gessimus, attigit hic versibus atque inchoavit.   Quibus audi-
tis, quod mihi magna res et iucunda visa est, hunc ad per-

---

1 deduxerit *GEe*   2 huius ς : cuius *cett.*   3 non] tamen
non *Ee*   Q.] P. *Ee*   7 cederet E^2e : dederit *c, Fleckeisen*
11 in iis *Madvig* : in his *Ammianus* xxii. 7: illis (in illis $\chi^2 k$) *codd.*
12 ut in eo ipso quo *Ammianus*   13 de se] se *Lambinus*   14
se *Ammianus* : om. *codd.*   velint *Ammianus*   16 monu. *eabpc* :
moni. *cett.*   20 togati Σχς, *p mg.* : locati *cett.*   25 huiusce Σ
urbis *suppl. Naugerius* ﹙1﹚   26 atque *E* : aeque (om. Σk) *cett.*

ficiendum adornavi. Nullam enim virtus aliam mercedem
laborum periculorumque desiderat praeter hanc laudis et
gloriae; qua quidem detracta, iudices, quid est quod in hoc
tam exiguo vitae curriculo et tam brevi tantis nos in labori-
5 bus exerceamus? Certe, si nihil animus praesentiret in 29
posterum, et si, quibus regionibus vitae spatium circum-
scriptum est, isdem omnis cogitationes terminaret suas, nec
tantis se laboribus frangeret neque tot curis vigiliisque an-
geretur nec totiens de ipsa vita dimicaret. Nunc insidet
10 quaedam in optimo quoque virtus, quae noctes ac dies animum gloriae stimulis concitat atque admonet non cum vitae
tempore esse dimittendam commemorationem nominis nostri,
sed cum omni posteritate adaequandam. An vero tam parvi **12**
animi videamur esse omnes qui in re publica atque in his **30**
15 vitae periculis laboribusque versamur ut, cum usque ad extremum spatium nullum tranquillum atque otiosum spiritum
duxerimus, nobiscum simul moritura omnia arbitremur?
An statuas et imagines, non animorum simulacra, sed corpo-
rum, studiose multi summi homines reliquerunt; consiliorum
20 relinquere ac virtutum nostrarum effigiem nonne multo malle
debemus summis ingeniis expressam et politam? Ego vero
omnia quae gerebam iam tum in gerendo spargere me ac
disseminare arbitrabar in orbis terrae memoriam sempi-
ternam. Haec vero sive a meo sensu post mortem afutura
25 est, sive, ut sapientissimi homines putaverunt, ad aliquam
animi mei partem pertinebit, nunc quidem certe cogitatione
quadam speque delector.

Qua re conservate, iudices, hominem pudore eo quem 31

---

1 adornavi *Klots* : adoravi *Schol.* : adortavi *Ge* : adhortatus sum
E : hortavi *aΣb¹gp* : hortatus sum (fui ϛ) *b²χϛ*   nulla *codd* : *corr.*
ed. V   3 iudices¦ unum *G*   4 in *om.* χ   7 est isdem] iste isdem
(in idem *a*) *GEea*   12 dimetiendam *Manutius*   13 pravi *Ee*
14 esse *om. E*   18 an] an cum *b²χ*   19 reliquerint *Manutius*
20 nonne] non *Lambinus*   24 sive *om. GEea*   afut. *G* : abfut.
(affut. *Ee*) *cett.*   25 est *GEea* : sunt *cett.*   26 animi *om. cod.*
Vrsini   pertinebunt *bp²χϛ*

amicorum videtis comprobari cum dignitate, tum etiam vetustate, ingenio autem tanto quantum id convenit existimari,
quod summorum hominum iudiciis expetitum esse videatis,
causa vero eius modi quae beneficio legis, auctoritate municipi, testimonio Luculli, tabulis Metelli comprobetur. Quae 5
cum ita sint, petimus a vobis, iudices, si qua non modo
humana verum etiam divina in tantis ingeniis commendatio
debet esse, ut eum qui vos, qui vestros imperatores, qui
populi Romani res gestas semper ornavit, qui etiam his
recentibus nostris vestrisque domesticis periculis aeternum 10
se testimonium laudis daturum esse profitetur, quique est
ex eo numero qui semper apud omnis sancti sunt habiti
itaque dicti, sic in vestram accipiatis fidem ut humanitate
vestra levatus potius quam acerbitate violatus esse videatur.

32　　Quae de causa pro mea consuetudine breviter simpliciter- 15
que dixi, iudices, ea confido probata esse omnibus ; quae a
foro aliena iudicialique consuetudine et de hominis ingenio et communiter de ipso studio locutus sum, ea, iudices,
a vobis spero esse in bonam partem accepta, ab eo qui iudicium exercet certo scio.　　　　　　　　　　　　　　20

1 venustate *codd.* : *corr. Muretus*　　2 quantum Σ *mg.*, ς, *Sylvius* :
quanto *cett.*　　3 iudiciis *Madvig* : ingeniis *codd.*　　4 huius *E*
6 petimus *om. G*　　7 ingeniis *GEε* : negotiis *cett.*　　9 Romani
om. G　　11 laudis *GEεαχ³* : laudum *cett.*　　quique est ex *scripsi* :
quique est *k, Angelius* : isque est *cett.* : estque ex *Madvig*　　13
itaque] atque *Ek*　　16 a foro aliena *Garatoni* : firme (fer- *ak*) a me
codd. : forensi aliena *Halm* (*cf.* § 3)　　17 iudiciali (*sine* -que) *ek*
18 de ipso *ed. V* : de ipsius *codd.* : de meo atque ipsius *Lambinus*　　20
certo *G* : certe *cett.*

M. TVLLI CICERONIS

PRO CN. PLANCIO ORATIO

SIGLA

P = Folia Berolinensia 13229 A et B, saecl. v (*continent*
§§ 27-28 cum illo . . . omnes semper: §§ 46-47 -um Laterensis
. . . [am]bitus caus-)

T = cod. Tegernseensis, saecl. xi

E = cod. Erfurtensis, saecl. xii/xiii

a = cod. Laur. (S. Crucis) xxiii. Sin. 3, saecl. xiv (Lag. 43)

p = cod. Palatinus 1820, A. D. 1394 scriptus

Σ = cod. Paris. 14749

g = cod. Paris. 16228

b = cod. S. Marci 255, Flor. Bibl. Nat. I. iv. 4 (Lag. 6)

χ = cod. S. Marci 254, Flor. Bibl. Nat. I. iv. 5 (Lag. 3)

ψ = cod. Laur. (Gadd.) xc. sup. 69

c = cod. Oxon. Canonici 226

k = cod. Paris. 7779, A. D. 1459 scriptus

ς = codd. ck

Schol. = Scholiasta Bobiensis

M. TVLLI CICERONIS
PRO CN. PLANCIO ORATIO

Cvm propter egregiam et singularem Cn. Planci, iudices, I
in mea salute custodienda fidem tam multos et bonos viros I
eius honori viderem esse fautores, capiebam animo non
mediocrem voluptatem quod, cuius officium mihi saluti
5 fuisset, ei meorum temporum memoriam suffragari videbam.
Cum autem audirem meos partim inimicos, partim invidos
huic accusationi esse fautores, eandemque rem adversariam
esse in iudicio Cn. Plancio quae in petitione fuisset adiutrix,
dolebam, iudices, et acerbe ferebam, si huius salus ob eam
10 ipsam causam esset infestior quod is meam salutem atque
vitam sua benivolentia praesidio custodiaque texisset. Nunc 2
autem vester, iudices, conspectus et consessus iste reficit et
recreat mentem meam, cum intueor et contemplor unum
quemque vestrum. Video enim hoc in numero neminem
15 cui mea salus non cara fuerit, cuius non exstet in me summum meritum, cui non sim obstrictus memoria benefici
sempiterna. Itaque non extimesco ne Cn. Plancio custodia
meae salutis apud eos obsit qui me ipsi maxime salvum
videre voluerunt, saepiusque, iudices, mihi venit in mentem
20 admirandum esse M. Laterensem, hominem studiosissimum
et dignitatis et salutis meae, reum sibi hunc potissimum
delegisse quam metuendum ne vobis id ille magna ratione
fecisse videatur. Quamquam mihi non sumo tantum neque 3

15 summum TEb²k: suum cett.   18 obstet E   ipsi
TEa: ipsum cett.   21 dignitatis et TE: dignissimum ag: dili-
gentissimum cett.   22 elegisse T¹   nobis T   23 neque
adrogo iudices TE: iudices neque adrogo cett.

adrogo, iudices, ut Cn. Plancium suis erga me meritis im-
punitatem consecutum putem. Nisi eius integerrimam
vitam, modestissimos mores, summam fidem, continentiam,
pietatem, innocentiam ostendero, nihil de poena recusabo ;
sin omnia praestitero quae sunt a bonis viris exspectanda, 5
petam, iudices, a vobis ut, cuius misericordia salus mea
custodita sit, ei vos vestram misericordiam me deprecante
tribuatis. Equidem ad reliquos labores, quos in hac causa
maiores suscipio quam in ceteris, etiam hanc molestiam adsumo, quod mihi non solum pro Cn. Plancio dicendum est, 10
cuius ego salutem non secus ac meam tueri debeo, sed
etiam pro me ipso, de quo accusatores plura paene quam de
2 re reoque dixerunt. Quamquam, iudices, si quid est in me
4 ipso ita reprehensum ut id ab hoc seiunctum sit, non me id
magno opere conturbat ; non enim timeo ne, quia perraro 15
grati homines reperiantur, idcirco, cum me nimium gratum
illi esse dicant, id mihi criminosum esse possit. Quae vero
ita sunt agitata ab illis ut aut merita Cn. Planci erga me
minora esse dicerent quam a me ipso praedicarentur, aut, si
essent summa, negarent ea tamen ita magni ut ego putarem 20
ponderis apud vos esse debere, haec mihi sunt tractanda,
iudices, et modice, ne quid ipse offendam, et tum denique
cum respondero criminibus, ne non tam innocentia reus
sua quam recordatione meorum temporum defensus esse
videatur. 25
5 Sed mihi in causa facili atque explicata perdifficilis,
iudices, et lubrica defensionis ratio proponitur. Nam, si
tantum modo mihi necesse esset contra Laterensem dicere,
tamen id ipsum esset in tanto usu nostro tantaque amicitia
molestum. Vetus est enim lex illa iustae veraeque amicitiae 30

2 consecutum *TEa* : consecuturum *cett.*   5 expetenda Σ*ac*
9 maioris suspicio *TE*   14 seiunctum (seui actum *a*) *TEab*² : *om.*
Σ¹*gp in lac.* : dictum *b*¹ : alienum *cett.* (Σ²)   15 conturbat *TEϚ* :
conturbet *cett.*   22 et tum *TE* : cetum *cett.*   23 criminibus]
omnibus *E*   30 est enim *TE* : enim est *cett.*

quae mihi cum illo iam diu est, ut idem amici semper velint,
neque est ullum amicitiae certius vinculum quam consensus
et societas consiliorum et voluntatum.   Mini autem non id
est in hac re molestissimum, contra illum dicere, sed multo
5 illud magis quod in ea causa contra dicendum est in qua
quaedam hominum ipsorum videtur facienda esse contentio.
Quaerit enim Laterensis atque hoc uno maxime urget qua 6
se virtute, qua laude Plancius, qua dignitate superarit.   Ita,
si cedo illius ornamentis, quae multa et magna sunt, non
10 solum huius dignitatis iactura facienda est sed etiam largitionis recipienda suspicio est ; sin hunc illi antepono, con-
tumeliosa habenda est oratio, et dicendum est id quod ille
me flagitat, Laterensem a Plancio dignitate esse superatum.
Ita aut amicissimi hominis existimatio offendenda est, si
15 illam accusationis condicionem sequar, aut optime de me
meriti salus deserenda.

Sed ego, Laterensis, caecum me et praecipitem ferri con- 3
fitear in causa, si te aut a Plancio aut ab ullo dignitate
potuisse superari dixero.   Itaque discedam ab ea contentione
20 ad quam tu me vocas et veniam ad illam ad quam me causa
ipsa deducit. Quid ? tu in magistratibus dignitatis iudicem 7
putas esse populum ?   Fortasse non numquam est ; utinam
vero semper esset !   Sed est perraro et, si quando est, in eis
magistratibus est mandandis quibus salutem suam committi
25 putat ; his levioribus comitiis diligentia et gratia petitorum
honos paritur, non eis ornamentis quae esse in te videmus.
Nam quod ad populum pertinet, semper dignitatis iniquus
iudex est qui aut invidet aut favet.   Quamquam nihil potes
in te, Laterensis, constituere quod sit proprium laudis tuae

---

2 amicitiae certius *TE* : certius amicitiae *cett.*   11 est *om. k, del.*
Manutius   16 deserenda *TEk* : deserenda est *cett.*   17 conferri
T   18 a *om. T*   ulla *E*   19 potuisse *om. T*   21 ipsa *om. T*
tu in magistratibus *Madvig* : tu magni *T* : tum an *E* : tu (tune *b²c*)
inanem *cett.* : tune aequum *Lambinus* (*cf.* § 13)   26 patitur *Ta* :
paratur *E*   28 potes *Σ* : potest *cett.* (*Σ mg.*)

8 quin id tibi sit commune cum Plancio. Sed hoc totum
agetur alio loco ; nunc tantum disputo de iure populi, qui et
potest et solet non numquam dignos praeterire ; nec, si a
populo praeteritus est quem non oportuit, a iudicibus con-
demnandus est qui praeteritus non est. Nam, si ita esset, 5
quod patres apud maiores nostros tenere non potuerunt, ut
reprehensores essent comitiorum, id haberent iudices, quod
multo etiam minus esset ferendum. Tum enim magistratum
non gerebat is qui ceperat, si patres auctores non erant facti ;
nunc postulatur a vobis ut eius exitio qui creatus sit iudi- 10
cium populi Romani reprendatis. Itaque iam quoniam qua
nolui ianua sum ingressus in causam, sperare videor tantum
afuturam esse orationem meam a minima suspicione offensionis tuae, te ut potius obiurgem, quod iniquum in discrimen adducas dignitatem tuam, quam ut eam ego ulla con- 15
4 tumelia coner attingere. Tu continentiam, tu industriam,
9 tu animum in rem publicam, tu virtutem, tu innocentiam,
tu fidem, tu labores tuos, quod aedilis non sis factus, fractos
esse et abiectos et repudiatos putas ? Vide tandem, Laterensis, quantum ego a te dissentiam. Si me dius fidius decem 20
soli essent in civitate viri boni, sapientes, iusti, graves, qui
te indignum aedilitate iudicavissent, gravius de te iudicatum
putarem quam est hoc quod tu metuis ne a populo iudicatum esse videatur. Non enim comitiis iudicat semper
populus, sed movetur plerumque gratia, cedit precibus, facit 25
eos a quibus est maxime ambitus, denique, etiam si iudicat,
non dilectu aliquo aut sapientia ducitur ad iudicandum, sed

5 est qui] qui *T*   non est] est *TEa* : . . . . non est *Σ*   7
quod *Sylvius* : vel quod (id quod ψ^2) *codd.* : quod vel *Beroaldus*
8 esset $Eb^2\psi^2$: esse *a* : essent *T* : est *cett.*   10 eius *om. T*
exilio *codd.* : *corr. Cobet*   11 reprend. *Zielinski* (*p.* 177) : reprehend.
codd. (*ita §§* 51, 75)   iam *TEa* : *om. cett.*   quoniam *TE* : quamquam *cett.*   12 volui *TEab²c*   sim *Σb¹gp*   13 afut. *T* : affut.
Ea : abfut. *cett.*   14 iniquum] inimicum *E*   15 eam ego *TE* :
ego eam *cett.*   17 in re p. *TE*   20 ego *TEa* : *om. cett.*   26
etiam *TEa* : *om. cett.*

impetu non numquam et quadam etiam temeritate. Non est
enim consilium in volgo, non ratio, non discrimen, non
diligentia, semperque sapientes ea quae populus fecisset
ferenda, non semper laudanda dixerunt.   Qua re, cum te
5 aedilem fieri oportuisse dicis, populi culpam, non competi-
toris accusas. Vt fueris dignior quam Plancius—de quo ipso 10
tecum ita contendam paulo post ut conservem dignitatem
tuam—sed ut fueris dignior, non competitor a quo es victus,
sed populus a quo es praeteritus, in culpa est. In quo illud
10 primum debes putare, comitiis, praesertim aediliciis, studium
esse populi, non iudicium ; eblandita illa, non enucleata esse
suffragia ; eos qui suffragium ferant, quid cuique ipsi debeant
considerare saepius quam quid cuique a re publica debeatur.
Sin autem mavis esse iudicium, non tibi id rescindendum
15 est sed ferendum. ' Male iudicavit populus.' At iudicavit. 11
' Non debuit.' At potuit. ' Non fero.' At multi clarissimi
et sapientissimi cives tulerunt.   Est enim haec condicio
liberorum populorum praecipueque huius principis populi
et omnium gentium domini atque victoris, posse suffragiis
20 vel dare vel detrahere quod velit cuique ; nostrum est autem,
nostrum qui in hac tempestate populi iactemur et fluctibus
ferre modice populi voluntates, adlicere alienas, retinere
partas, placare turbatas ; honores si magni non putemus,
non servire populo ; sin eos expetamus, non defetigari
25 supplicando.

Venio iam ad ipsius populi partis ut illius contra te 5
oratione potius quam mea disputem.   Qui si tecum con- 12
grediatur et si una loqui voce possit, haec dicat : ' ego tibi,

1 etiam *om. T*   4 duxerunt χ¹*k, Lag.* 9, *Angelius (cf. Deiot.* 37)
5 dicit *TE*   6 ut *TE* : at *cett.*   ipso (-se *T) TE* : *om. cett.*
7 tecum ita *TE* : ita tecum *cett.*   9 illud primum *T* : primum illud
cett.   11 enudata *T*   12 cuique *TE* : denique *cett.*   13 con-
siderare] deliberare Σ*g*   debeatur *TE* : videatur deberi *cett.*
14 mavis illud *E*   esse *TEbk* : est *cett.*   17 haec *TE* : *om.*
cett.   21 nostrum qui *TE* : qui *cett.*   iactamur *b*¹χ¹   et *TEa* :
ac *cett.*   24 expetamus *bk* : expectamus *cett.*   defet. *T* : defat. *cett.*

Laterensis, Plancium non anteposui sed, cum essetis aeque
boni viri, meum beneficium ad eum potius detuli qui a me
contenderat quam ad eum qui mihi non nimis submisse
supplicarat.' Respondebis, credo, te splendore et vetustate
familiae fretum non valde ambiendum putasse. At vero te 5
ille ad sua instituta suorumque maiorum exempla revocabit;
semper se dicet rogari voluisse, semper sibi supplicari; se
M. Seium, qui ne equestrem quidem splendorem incolumem
a calamitate iudici retinere potuisset, homini nobilissimo,
innocentissimo, eloquentissimo, M. Pisoni, praetulisse; 10
praeposuisse se Q. Catulo, summa in familia nato, sapien-
tissimo et sanctissimo viro, non dico C. Serranum, stul-
tissimum hominem—fuit enim tamen nobilis—non C.
Fimbriam, novum hominem—fuit enim et animi satis magni
et consili—sed Cn. Mallium, non solum ignobilem verum 15
sine virtute, sine ingenio, vita etiam contempta ac sordida.
13 ' Desiderarunt te,' inquit, ' oculi mei, cum tu esses Cyrenis;
me enim quam socios tua frui virtute malebam, et quo plus
intererat, eo plus aberat a me, cum te non videbam. Deinde
sitientem me virtutis tuae deseruisti ac reliquisti. Coeperas 20
enim petere tribunatum pl. temporibus eis quae istam elo-
quentiam et virtutem requirebant; quam petitionem cum
reliquisses, si hoc indicasti, tanta in tempestate te gubernare
non posse, de virtute tua dubitavi, si nolle, de voluntate;
sin, quod magis intellego, temporibus te aliis reservasti, ego 25
quoque,' inquiet populus Romanus, ' ad ea te tempora

2 viri boni *T*   potius *hoc loco hab.* TE, *om.* g, *ante* ad *hab. cett.*   7
voluisse (*et add.* E) semper sibi supplicari se *TE*: voluisse semper
(-que *add.* c²) placuisse *cett.*   12 seranum *TEa*: serenum *cett.*: *corr.*
Manutius   subtilissimum Σ²b¹   13-14 enim tamen ... hominem
fuit *T*: *om. c:tt.*   15 Mallium *ab¹*: Manlium *cett.*   18 quo
plus *E corr.*, b²ψ²: populus *Taρχ*: quo plus et populus (-lo Σ) *cett.*   19
aberas *Sylvius*   cum te *TEa*: certe *cett.*   20 reliquisti *TE*: dereli-
quisti *cett.*   21 eis *om. T*   23 indicasti *Lambinus*: iudicasti
codd.   26 quoque] autem *T*: item *Orelli*   inquiet *T*: inquam
et *cett.*   populus R. *TEa*: res p. *cett.*

revocavi ad quae tu te ipse servaras. Pete igitur eum
magistratum in quo mihi magnae utilitati esse possis ; aediles
quicumque erunt, idem mihi sunt ludi parati ; tribuni pl.
permagni interest qui sint. Qua re aut redde mihi quod
5 ostenderas, aut si, quod mea minus interest, id te magis forte
delectat, reddam tibi istam aedilitatem etiam neglegenter
petenti, sed amplissimos honores ut pro dignitate tua con-
sequare, condiscas censeo mihi paulo diligentius supplicare.'

Haec populi oratio est, mea vero, Laterensis, haec : qua 6
10 re victus sis non debere iudicem quaerere, modo ne largi- 14
tione sis victus. Nam si, quotienscumque praeteritus erit
is qui non debuerit praeteriri, totiens oportebit eum qui
factus erit condemnari, nihil iam est quod populo suppli-
cetur, nihil quod diribitio, nihil quod renuntiatio suffra-
15 giorum exspectetur. Simul ut qui sint professi videro, dicam :
' hic familia consulari est, ille praetoria ; reliquos video esse 15
ex equestri loco ; sunt omnes sine macula, sunt omnes aeque
boni viri atque integri, sed servari necesse est gradus ; cedat
consulari generi praetorium, ne contendat cum praetorio
20 nomine equester locus.' Sublata sunt studia, exstinctae
suffragationes, nullae contentiones, nulla libertas populi in
mandandis magistratibus, nulla exspectatio suffragiorum ;
nihil, ut plerumque evenit, praeter opinionem accidet, nulla
erit posthac varietas comitiorum. Sin hoc persaepe accidit
25 ut et factos aliquos et non factos esse miremur, si campus
atque illae undae comitiorum, ut mare profundum et immen-
sum, sic effervescunt quodam quasi aestu ut ad alios acce-
dant, ab aliis autem recedant, tamen nos *in* impetu studiorum

1 te *om. T*   reservaras a[1], *Campe*   2 magistratum] macc. *E* :
-cc· *T*   3-4 mihi sunt . . . aut redde *TE* : *om. cett.*   3 ludi *Ernesti* :
iudi *T* : iudices *E*   13 est iam *E*   quod] quod a *TEa*   14
diribitio *TE* : diremtio *a* : direptio *cett.*   nihil quod] supplicatio
magistratuum *add. codd.* : *del. Manutius*   15 videro dicam
TEa : video quid dicam *cett.*   17 omnes *T* : *om. cett.*   18 gradus
Ea : gradum *cett.*   19 ne *TE* : nec *cett.*   20 nomine *TE* : *om. cett.*
28 tamen *TEa* : tanto *Σb[1]g* : in tanto *cett.*   in *suppl. Baiter*

et motu temeritatis modum aliquem et consilium et rationem
16 requiremus? Qua re noli me ad contentionem vestrum
vocare, Laterensis. Etenim si populo grata est tabella,
quae frontis aperit hominum, mentis tegit datque eam
libertatem ut quod velint faciant, promittant autem quod 5
rogentur, cur tu id in iudicio ut fiat exprimis quod non fit in
campo? ' Hic quam ille dignior' perquam grave est dictu.
Quo modo igitur est aequius? Sic credo, quod agitur, quod
satis est iudici: ' hic factus est.' 'Cur iste potius quam
ego?' Vel nescio vel non dico vel denique quod mihi 10
gravissimum esset, si dicerem, sed impune tamen deberem
dicere: 'non recte.' Nam quid adsequerere, si illa extrema
defensione uterer, populum quod voluisset fecisse, non
quod debuisset?

7   Quid? si populi quoque factum defendo, Laterensis, et 15
17 doceo Cn. Plancium non obrepsisse ad honorem, sed eo
venisse cursu qui semper patuerit hominibus ortis hoc
nostro equestri loco, possumne eripere orationi tuae contentionem vestrum, quae tractari sine contumelia non
potest, et te ad causam aliquando crimenque deducere? 20
Si, quod equitis Romani filius est, inferior esse debuit,
omnes tecum equitum Romanorum filii petiverunt. Nihil
dico amplius; hoc tamen miror cur huic potissimum irascare
qui longissime a te afuit. Equidem, si quando, ut fit, iactor
in turba, non illum accuso qui est in summa sacra via, cum 25
ego ad Fabianum fornicem impellor, sed eum qui in me
ipsum incurrit atque incidit. Tu neque Q. Pedio, forti viro,
suscenses neque huic A. Plotio, ornatissimo homini familiari

2 requiremus *TEa* : requiramus *cett.*   vestrum] istam *k*   6 id
TE : om. *cett.*   ut fiat *TEa* : om. *cett.*   7 ille] ille est *Baiter*
8 aequius *TEa* : equs *p* : aequum *cett.*   11 si dicerem *TE* : sic
dicere *cett.*   12 nam Σ *mg.*, *p mg.*, *b¹c²k* : nunc *cett.*   asse-
querer *codd.* : *corr. Manutius*   15 factum om. *T*   17 ortis *TE*:
om. *cett.*   19 vestram *E*   20 aliquando *TE* : om. *cett.*   23
tamen] tantum *b²ψ²*   cur *TE* : cur tu *cett.*   24 afuit *Ta* :
abfuit *cett.*   26 Fabium *codd.* : *corr. Sylvius* (*cf. Verr. A. Pr.* 19)

meo, et ab eo qui hos dimovit potius quam ab eis qui in te
ipsum incubuerunt te depulsum putas. Sed tamen haec 18
tibi est prima cum Plancio generis vestri familiaeque contentio, qua abs te vincitur; cur enim non confitear quod
5 necesse est? Sed non hic magis quam ego a meis competitoribus et alias et in consulatus petitione vincebar. Sed
vide ne haec ipsa quae despicis huic suffragata sint. Sic
enim conferamus. Est tuum nomen utraque familia con-
sulare. Num dubitas igitur quin omnes qui favent nobilitati,
10 qui id putant esse pulcherrimum, qui imaginibus, qui
nominibus vestris ducuntur, te aedilem fecerint? Equidem
non dubito. Sed si parum multi sunt qui nobilitatem
ament, num ista est nostra culpa? Etenim ad caput et ad
fontem generis utriusque veniamus.

15   Tu es e municipio antiquissimo Tusculano, ex quo sunt 8
plurimae familiae consulares, in quibus est etiam Iuventia 19
—tot ex reliquis municipiis omnibus non sunt—hic est e
praefectura Atinati non tam prisca, non tam honorata, non
tam suburbana. Quantum interesse vis ad rationem petendi?
20 Primum utrum magis favere putas Atinatis an Tusculanos
suis? Alteri—scire enim hoc propter vicinitatem facile
possum—cum huius ornatissimi atque optimi viri, Cn.
Saturnini, patrem aedilem, cum praetorem viderunt, quod
primus ille non modo in eam familiam sed etiam in prae-
25 fecturam illam sellam curulem attulisset, mirandum in
modum laetati sunt; alteros—credo, quia refertum est
municipium consularibus, nam malivolos non esse certo
scio—numquam intellexi vehementius suorum honore laetari.

1 iis *Ek* : his *cett.*   6 alias *TEabᵌk* : aliis *cett.*   9 num
TEbᵌʼ : non *cett.*   13 est *om. T*   14 generis utriusque *TE* :
utriusque generis *cett.*   15 e *TE* : ex *cett.*   sunt *hoc loco hab. T,*
ante famil. *E, post* famil. *cett., del. Wunder*   16 Iuventia *E* : inven-
ticia (iuv. *T*) *cett.*   17 tot] quot *bᵌcχψ* : tot quot *Wunder*   27
certo *TEa* : certe *cett.*   28 suorum *Hulderich* : suorum municipum
TE : hospitum suorum *cett.*   honore *om. T*

20 Habemus hoc nos, habent nostra municipia. Quid ego de
me, de fratre meo loquar? quorum honoribus agri ipsi prope
dicam montesque faverunt. Num quando vides Tuscu-
lanum aliquem de M. Catone illo in omni virtute principe,
num de Ti. Coruncanio municipe suo, num de tot Fulviis 5
gloriari? Verbum nemo facit. At in quemcumque Arpi-
natem incideris, etiam si nolis, erit tamen tibi fortasse etiam
de nobis aliquid, sed certe de C. Mario audiendum. Primum
igitur hic habuit studia suorum ardentia, tu tanta quanta in
21 hominibus iam saturatis honoribus esse potuerunt. Deinde 10
tui municipes sunt illi quidem splendidissimi homines, sed
tamen pauci, si quidem cum Atinatibus conferantur; huius
praefectura plena virorum fortissimorum, sic ut nulla tota
Italia frequentior dici possit; quam quidem nunc multi-
tudinem videtis, iudices, in squalore et luctu supplicem 15
vobis. Hi tot equites Romani, tot tribuni aerarii—nam
plebem a iudicio dimisimus, quae cuncta comitiis adfuit—
quid roboris, quid dignitatis huius petitioni attulerunt? Non
modo enim tribum Teretinam, de qua dicam alio loco, sed
dignitatem, sed oculorum coniectum, sed solidam et robu- 20
stam et adsiduam frequentiam praebuerunt. Nam municipia
9
22 coniunctione etiam vicinitatis vehementer moventur. Omnia
quae dico de Plancio dico expertus in nobis; sumus enim
finitimi Atinatibus. Laudanda est vel etiam amanda vicinitas retinens veterem illum offici morem, non infuscata 25
malivolentia, non adsueta mendaciis, non fucosa, non fallax,
non erudita artificio simulationis vel suburbano vel etiam

2 ipsi prope dicam *TE, Schol.* : prope dicam ipsi *cett.*　　3 fave-
bant *Schol.*　　5 municipe suo *del. Cobet (meliore numero)*　　Fulviis
TEa : Fabiis *cett.*　　6 at si in aliquem Arp. *Schol.*　　7 inci-
derit *TEa*　　etiam si nolis erit tamen] erit *Schol.*　　etiam
TE, Schol. : *om. cett.*　　8 sed certe (dře a) *TEa* : aliquid et *cett.*
13 sic] est sic *Mommsen*　　16 aerarii *TE* : aeritimi *cett.*
19 modo *supplevi*　　Teretinam *TE* : Terentinum *cett.* (*ubique*)
21 nam *scripsi* : nostra *TE* : iam *cett.*　　25 morem] mtě *T*
26 fucosa *TEa, Schol.* : fucata *cett.*

urbano. Nemo Arpinas non Plancio studuit, nemo Soranus,
nemo Casinas, nemo Aquinas. Tractus ille celeberrimus
Venafranus, Allifanus, tota denique ea nostra ita aspera et
montuosa et fidelis et simplex et fautrix suorum regio se
5 huius honore ornari, se augeri dignitate arbitrabatur, isdem-
que nunc ex municipiis adsunt equites Romani publice
cum legatione *et* testimonio, nec minore nunc sunt solli-
tudine quam tum erant studio. Etenim est gravius spoliari
fortunis quam non augeri dignitate. Ergo ut alia in te erant 23
10 inlustriora, Laterensis, quae tibi maiores tui reliquerant, sic
te Plancius hoc non solum municipi verum etiam vicinitatis
genere vincebat; nisi forte te Labicana aut Gabina aut
Bovillana vicinitas adiuvabat, quibus e municipiis vix iam
qui carnem Latinis petant reperiuntur. Adiungamus, si vis,
15 id quod tu huic obesse etiam putas, patrem publicanum;
qui ordo quanto adiumento sit in honore quis nescit? Flos
enim equitum Romanorum, ornamentum civitatis, firma-
mentum rei publicae publicanorum ordine continetur. Quis 24
est igitur qui neget ordinis eius studium fuisse in honore
20 Planci singulare? Neque iniuria, vel quod erat pater is qui
est princeps iam diu publicanorum, vel quod is ab sociis
unice diligebatur, vel quod diligentissime rogabat, vel quia
pro filio supplicabat, vel quod huius ipsius in illum ordinem
summa officia quaesturae tribunatusque constabant, vel
25 quod illi in hoc ornando ordinem se ornare et consulere
liberis suis arbitrabantur.

Aliquid praeterea—timide dicam, sed tamen dicendum 10

1 sopanus *codd.* : *corr. ed. R*   2 Casinas *E* : cassinas *cett.*   tractus
TE : tratas *a* : totus *cett.*   3 allisanus *TE*   ea nostra ita *Baiter* :
anostra ita *TEa* : nostra illa *cett.*   7 legationis *c*   et *suppl. Garatoni*
sunt *om. E*   12 aut Gabina aut Bovillana *Orelli, Schol.* (*in scholio*) :
aut Bovillana aut Gabina Σ : aut Gabina aut Bovillana aut Gabinis
(Gabinas *agp* : Sabina *bkχ*) *cett.*   14 reperiuntur *TE, Schol.* :
inveniuntur (-antur *a²b*) *cett.*   adiungamus *Schol.* : adiungam *cett.*
15 huic obesse etiam *TE, Schol.* : etiam huic obesse *cett.*   19
eius ordinis *E*   23 vel (ut *T*) quod *TEa* : vel quia *cett.*   25
ordine *TE*   27 dicam *Schol.* : dico *cett.*

est—non enim opibus, non invidiosa gratia, non potentia
vix ferenda, sed commemoratione benefici, sed misericordia,
sed precibus aliquid attulimus etiam nos. Appellavi populum
tributim, submisi me et supplicavi ; ultro me hercule se mihi
etiam offerentis, ultro pollicentis rogavi. Valuit causa 5
25 rogandi, non gratia. Nec si vir amplissimus, cui nihil est
quod roganti concedi non iure possit, de aliquo, ut dicis,
non impetravit, ego sum adrogans quod me valuisse dico.
Nam ut omittam illud quod ego pro eo laborabam qui
valebat ipse per sese, rogatio ipsa semper est gratiosissima 10
quae est officio necessitudinis coniuncta maxime. Neque
enim ego sic rogabam ut petere viderer, quia familiaris esset
meus, quia vicinus, quia huius parente semper plurimum
essem usus, sed ut quasi parenti et custodi salutis meae.
Non potentia mea sed causa rogationis fuit gratiosa. Nemo 15
mea restitutione laetatus est, nemo iniuria doluit, cui non
26 huius in me misericordia grata fuerit. Etenim si ante
reditum meum Cn. Plancio se volgo viri boni, cum hic
tribunatum peteret, ultro offerebant, cui nomen meum
absentis honori fuisset, ei meas praesentis preces non putas 20
profuisse ? An Minturnenses coloni, quod C. Marium e
civili ferro atque ex impiis manibus eripuerunt, quod tecto
receperunt, quod fessum inedia fluctibusque recrearunt, quod
viaticum congesserunt, quod navigium dederunt, quod eum
linquentem terram eam quam servarat votis, ominibus 25
lacrimisque prosecuti sunt, aeterna in laude versantur ;
Plancio, quod me vel vi pulsum vel ratione cedentem rece-
perit, iuverit, custodierit, his et senatui populoque Romano,

4 tributim *TE*: tribuum *ag*: tribubus *cett.*   mehercules *Ta*
9 ut *om. T* 10 ipsa] haec *Schol.*   11 est *om. T*   12 enim *TE*:
om. cett.   14 salutis meae *TE* : meae *a* : meo *cett.*   15 fuit *om. T*
20 absentis *TE* : *om. cett.*   praesentis *T (corr. m. 1) :* praesentes
cett.   21 e *Schol.*: *om. cett.*   22 ferro *Schol.* : errore (cruore *ς*)
codd.   23 fluctibusque confectum *k*   25 servarat *TE*: servaverat
cett.   votis omnibus lacrimisque *TE* : lacrimis votisque omnibus
cett. : *corr. Baiter*   27 vi pulsum *TEbk, Schol.* : impulsum *cett.*

ut haberent quem reducerent, conservarit, honori hanc
fidem, misericordiam, virtutem fuisse miraris?

Vitia me hercule Cn. Planci res eae de quibus dixi tegere **11**
potuerunt, ne tu in ea vita de qua iam dicam tot et tanta **27**
5 adiumenta huic honori fuisse mirere. Hic est enim qui
adulescentulus cum A. Torquato profectus in Africam sic
ab illo gravissimo et sanctissimo atque omni laude et honore
dignissimo viro dilectus est ut et contuberni necessitudo et
adulescentis modestissimi pudor postulabat, quod, si adesset,
10 non minus ille declararet quam hic illius frater patruelis et
socer, T. Torquatus, omni illi et virtute et laude par, qui est
quidem cum illo maximis vinclis et propinquitatis et adfini-
tatis coniunctus, sed ita magnis amoris ut illae necessitudinis
causae leves esse videantur. Fuit in Creta postea contuber-
15 nalis Saturnini, propinqui sui, miles huius Q. Metelli; cui cum
fuerit probatissimus hodieque sit, omnibus esse se probatum
sperare debet. In ea provincia legatus fuit C. Sacerdos,
qua virtute, qua constantia vir! L. Flaccus, qui homo, qui
civis! qualem hunc putent, adsiduitate testimonioque
20 declarant. In Macedonia tribunus militum fuit, in eadem *28*
provincia postea quaestor. Primum Macedonia sic eum
diligit ut indicant hi principes civitatum suarum; qui cum
missi sint ob aliam causam, tamen huius repentino periculo
commoti huic adsident, pro hoc laborant, huic si praesto
25 fuerint, gratius se civitatibus suis facturos putant quam si
legationem suam et mandata confecerint. L. vero Apuleius

1 quem *TEb'* : quod *cett.*   3 Cn. Pl. res eae *TE* : res hae Cn.
Pl. *cett.*   dixit agere (aeg- *T*) *TE*   5 est *om. T*   7 grav. et]
grav. viro et *E*   8 delectus *Tc*   9 adulescentis (adol- *E*) *TE* :
adolescentuli *cett.*   quod] qui *b²ς*   11 omni illi *TE* : illi
omni *cett.*   et virt. *TE* : virt. *cett.*   12 vinclis *PTE* : vinculis
cett.   appropinquitatis *T*   13 magni *codd.* (*P lacer est*) : *corr.*
Pantagathus   15 cui (cui qui *ψc*) *b²ψς* : qui (quibus Σ *mg.*, *P lacer
est*) *cett.*   16 se *om. P*   17 sperare debet *P* : debet sperare *cett.*
19 qui qualem *Keil*   21 sic diligit hunc ut *P*   22 hi] hi qui *P*
qui *om. P*   23 sint ob] sunt in *P*   26 suam et mandata *PTEc¹* :
et mandata sua *cett.*

hunc tanti facit ut morem illum maiorum qui praescribit in
parentum loco quaestoribus suis praetores esse oportere
officiis benivolentiaque superarit.   Tribunus pl. fuit non
fortasse tam vehemens quam isti quos tu iure laudas, sed
certe talis, quales si omnes semper fuissent, numquam ₅
desideratus vehemens esset tribunus.

12
29   Omitto illa quae, si minus in scaena sunt, at certe, cum
sunt prolata, laudantur, ut vivat cum suis, primum cum
parente—nam meo iudicio pietas fundamentum est omnium
virtutum—quem veretur ut deum—neque enim multo secus 10
est parens liberis—amat vero ut sodalem, ut fratrem, ut
aequalem.   Quid dicam cum patruo, cum adfinibus, cum
propinquis, cum hoc Cn. Saturnino, ornatissimo viro? cuius
quantam honoris huius cupiditatem fuisse creditis, cum
videtis luctus societatem?   Quid de me dicam qui mihi in 15
huius periculo reus esse videor? quid de his tot viris talibus
quos videtis veste mutata?   Atque haec sunt indicia, iudices,
solida et expressa, haec signa probitatis non fucata forensi
specie, sed domesticis inusta notis veritatis.   Facilis est illa
occursatio et blanditia popularis; aspicitur, non attrectatur; 20
procul apparet, non excutitur, non in manus sumitur.
30 Omnibus igitur rebus ornatum hominem tam externis quam
domesticis, non nullis rebus inferiorem quam te, genere dico
et nomine, superiorem aliis, municipum, vicinorum, societatum studio, meorum temporum memoria, parem virtute, 25
integritate, modestia aedilem factum esse miraris?

    Hunc tu vitae splendorem maculis aspergis istis?   Iacis
adulteria, quae nemo non modo nomine sed ne suspicione

9 pietas . . . Σ: pietas est *c*   11 est *TEb²kχ*: om. *cett.*   15
videtis *TEag²*: videatis *cett.*   17 atque *TEa*: atqui *cett.*   iud.
solida *TE*: solida iud. *cett.*   19 facilis] fragilis *Bake*   22 tam
E: quam *Ta*: quem *cett.*   quam *TEa*: quem *cett.*   23 generis
dico et nominis *TE*: generis et nominis dico *cett.*: *corr. Garatoni*
24 municipiorum *T*   25 meorum temporum *TE*: temporum
meorum *cett.*   parem *TE*: partim *a*: patris *cett.*

quidem possit agnoscere. 'Bimaritum' appellas, ut verba
etiam fingas, non solum crimina. Ductum esse ab eo in
provinciam aliquem dicis libidinis causa, quod non crimen
est, sed impunitum in maledicto mendacium ; raptam esse
5 mimulam, quod dicitur Atinae factum a iuventute vetere
quodam in scaenicos iure maximeque oppidano. O adule- 31
scentiam traductam eleganter, cui quidem cum quod licuerit
obiciatur, tamen id ipsum falsum reperiatur ! Emissus
aliquis e carcere. Et quidem emissus per imprudentiam,
10 emissus, ut cognostis, necessarii hominis optimique adulescentis rogatu ; idem postea praetoris mandatu requisitus.
Atque haec nec ulla alia sunt coniecta maledicta in eius
vitam de cuius vos pudore, religione, integritate dubitetis.

'Pater vero,' inquit, 'etiam obesse filio debet.' O vocem 13
15 duram atque indignam tua probitate, Laterensis ! Pater ut
in iudicio capitis, pater ut in dimicatione fortunarum, pater
ut apud talis viros obesse filio debeat ? qui si esset turpissi-
mus, si sordidissimus, tamen ipso nomine patrio valeret
apud clementis iudices et misericordis ; valeret, inquam,
20 communi sensu omnium et dulcissima commendatione
naturae. Sed cum sit Cn. Plancius is eques Romanus, ea 32
primum vetustate equestris nominis ut pater, ut avus, ut
maiores eius omnes equites Romani fuerint, summum in
praefectura florentissima gradum tenuerint et dignitatis et
25 gratiae, deinde ut ipse in legionibus P. Crassi imperatoris
inter ornatissimos homines, equites Romanos, summo splendore fuerit, ut postea princeps inter suos plurimarum rerum
sanctissimus et iustissimus iudex, maximarum societatum
auctor, plurimarum magister : si non modo in eo nihil

---

1 bimaritum *TE* : maritum *cett.*   3 dicis Σ*b*¹ς : dicas *cett.*
(Σ *mg.*) : dictitas *Müller*   4 maledicto *TE* : maledico *cett.*   5 iuventute *TE* : iuvene *cett.*   9 aliqui *Ta* : est aliquis *k*   e] est e
*b*²χ   per imprud. emissus *TE* : om. *cett.*   10 ut cognostis
om. T   11 praetoris mandatu *Turnebus* : ꝑmandatus *T* : praemandatis *cett.* : *fort.* a praemandatis   18 si sordid. *TE* : sordid. *cett.*
22 nominis *T* : om. *E* : ordinis *cett.*

umquam reprehensum sed laudata sunt omnia, tamen is
oberit honestissimo filio pater qui vel minus honestum et
alienum tueri vel auctoritate sua vel gratia possit?

33   ' Asperius,' inquit, 'locutus est aliquid aliquando.' Immo
fortasse liberius. 'At id ipsum,' inquit, 'non est ferendum.' 5
Ergo ei ferendi sunt qui hoc queruntur, libertatem equitis
Romani se ferre non posse? Vbinam ille mos, ubi illa
aequitas iuris, ubi illa antiqua libertas quae malis oppressa
civilibus extollere iam caput et aliquando recreata se erigere
debebat? Equitum ego Romanorum in homines nobilissi- 10
mos maledicta, publicanorum in Q. Scaevolam, virum omnibus ingenio, iustitia, integritate praestantem, aspere et
14 ferociter et libere dicta commemorem? Consuli P. Nasicae
praeco Granius medio in foro, cum ille edicto iustitio domum
decedens rogasset Granium quid tristis esset; an quod 15
reiectae auctiones essent: 'immo vero,' inquit, 'quod
legationes.' Idem tribuno pl. potentissimo homini, M.
Druso, et multa in re publica molienti, cum ille eum salu-
tasset et, ut fit, dixisset: 'quid agis, Grani?' respondit:
'immo vero tu, Druse, quid agis?' Ille L. Crassi, ille M. 20
Antoni voluntatem asperioribus facetiis saepe perstrinxit
impune: nunc usque eo est oppressa nostra adrogantia
civitas ut, quae fuit olim praeconi in ridendo, nunc equiti
34 Romano in plorando non sit concessa libertas. Quae enim
umquam Plancio vox fuit contumeliae potius quam doloris? 25
quid est autem umquam questus nisi cum a sociis et a se

---

1 laudanda Σg   6 ii *Tc*: hi *cett.*   hoc *TE*: *om. cett.*   10
debeat *Tb¹c*   11 omni *T*   13 ferociter] fortiter *T*   et
libere *om. Schol.*   14 edicto iustitio *cχψ*: edicio (-iticio *E*) iustitio
(-cio *T*) *TEa*: edicto iusticia *cett.*   15 decedens *TE, Lag.* 9, *Schol.*:
discedens *b¹ψ*: descendens *cett.*   essem *T*: isset *E*   16 reiectae
auctiones *TE, Schol.*: auctiones *abχϛ*: auctores *cett.*   17 legationes *E, Schol.*: legiones *cett.*   homini *om. Schol.*   18 et *Kiehl*:
sed *codd.*   re p. *TE*: r. p. *a*: rem p. *cett.*   19 et *suppl. Baiter*
dixisset *TEa*: dixit *b¹*: dixissetque *cett.*   22 est *TE, Schol.*: *om. cett.*
nostra *TEa, Schol.*: vestra *cett.*   25 Plancio vox fuit *T*: fuit
Plancio (-ci *E*) vox *cett.*

iniuriam propulsaret ? Cum senatus impediretur quo minus,
id quod hostibus semper erat tributum, responsum equitibus
Romanis redderetur, omnibus illa iniuria dolori fuit publicanis, sed eum ipsum dolorem hic tulit paulo apertius.
5 Communis ille sensus in aliis fortasse latuit ; hic, quod cum
ceteris animo sentiebat, id magis quam ceteri et voltu
promptum habuit et lingua. Quamquam, iudices,—agnosco 35
enim ex me—permulta in Plancium quae ab eo numquam
dicta sunt conferuntur. Ego quia dico aliquid aliquando
10 non studio adductus, sed aut contentione dicendi aut lacessitus, et quia, ut fit in multis, exit aliquando aliquid si non
perfacetum, at tamen fortasse non rusticum, quod quisque
dixit, me id dixisse dicunt. Ego autem, si quid est quod
mihi scitum esse videatur et homine ingenuo dignum atque
15 docto, non aspernor, stomachor cum aliorum non me digna
in me conferuntur. Nam quod primus scivit legem de
publicanis tum cum vir amplissimus consul id illi ordini per
populum dedit quod per senatum, si licuisset, dedisset, si in
eo crimen est quia suffragium tulit, quis non tulit publicanus ?
20 si quia primus scivit, utrum id sortis esse vis, an eius qui
illam legem ferebat? Si sortis, nullum crimen est in casu ;
si consulis, *statuis* etiam hunc a summo viro princioem esse
ordinis iudicatum.

Sed aliquando veniamus ad causam. In qua tu nomine 15
25 legis Liciniae, quae est de sodaliciis, omnis ambitus leges 36
complexus es ; neque enim quicquam aliud in hac lege nisi
editicios iudices es secutus. Quod genus iudicum si est
aequum ulla in re nisi in hac tribuaria, non intellego quam

---

3 fuit public. *TE* : public. fuit *cett.*   4 ipsum] illum *Tabg* : om.
E   5 communis *TEb²k*, Σ *mg.* : cum minus *cett.*   10 sed aut
TE, Schol. : sed *cett.*   13 id me *E*   quid] quod *TE*   15
stomachor *TE* : stomachor vero *cett.*   17 id om. *Schol.*   21
casum *TEa*   22 statuis *supplevi* : splendor etiam Planci *codd.*
(splendor Planci *e margine irrepsisse videtur. Cf. §§ 14, 49, 96*)
esse *TE* : om. *cett.*   25 leges ψ⊊ : legis *cett.*   27 esse secutus
TE : secutus es *Schol.*   iudicum *Cobet* : iudiciorum *codd.* (*cf. infra*)
28 tributaria *abgp*⊊

ob rem senatus hoc uno in genere tribus edi voluerit ab
accusatore neque eandem editionem transtulerit in ceteras
causas, de ipso denique ambitu reiectionem fieri voluerit
iudicum alternorum, cumque nullum genus acerbitatis prae-
37 termitteret, hoc tamen unum praetereundum putarit. Quid? 5
huiusce rei tandem obscura causa est, an et agitata tum
cum ista in senatu res agebatur, et disputata hesterno die
copiosissime a Q. Hortensio, cui tum est senatus adsensus?
Hoc igitur sensimus : 'cuiuscumque tribus largitor esset, et
per hanc consensionem quae magis honeste quam vere 10
sodalitas nominaretur quam quisque tribum turpi largitione
corrumperet, eum maxime eis hominibus qui eius tribus
essent esse notum.' Ita putavit senatus, cum reo tribus
ederentur eae quas is largitione devinctas haberet, eosdem
fore testis et iudices. Acerbum omnino genus iudici sed 15
tamen, si vel sua vel ea quae maxime esset cuique coniuncta
16 tribus ederetur, vix recusandum. Tu autem, Laterensis,
38 quas tribus edidisti? Teretinam, credo. Fuit certe id
aequum et certe exspectatum est et fuit dignum constantia
tua. Cuius tu tribus venditorem et corruptorem et seque- 20
strem Plancium fuisse clamitas, eam tribum profecto, seve-
rissimorum praesertim hominum et gravissimorum, edere
debuisti. At Voltiniam ; libet enim tibi nescio quid etiam
de illa tribu criminari. Hanc igitur ipsam cur non edidisti?
quid Plancio cum Lemonia, quid cum Oufentina, quid cum 25
Clustumina? Nam Maeciam, non quae iudicaret, sed quae
39 reiceretur, esse voluisti. Dubitatis igitur, iudices, quin vos

3 reiectionem *TE* : de reiectione (-nem *a*) *cett.*   4 iudicum *TE* :
iudiciorum *cett.*   6 huiusce *TE* : huius *cett.*   tandem *TE* : om.
cett.   tum *TE* : om. *cett.*   8 copiosissime *TE* : copiosius
cett.   9 esset et] esset *Ernesti*   10 hanc *TE* : om. *cett.*   magis
E : magna *T* : magistratuum *cett.*   honeste quam vere *TE* : honeste-
que *cett.*   12 eum] cum *TΣa*   iis *ed.* *V* : his *codd.*   16 si cui
vel *Cobet*   20 venditorem] emptorem *Sylvius*   23 lubet *T* :
iubet *a*   etenim *T*   25 Oufentina *Baiter* : Vfentina *TE* : Vien-
tina *cett.*   26 Crustumina ς   Maeciam *E* : m. (III *p*) eciam
agp : etiam *T* : tertiam (tres *ψς*) etiam *cett.*

M. Laterensis suo iudicio non ad sententiam legis, sed ad
suam spem aliquam de civitate delegerit? dubitatis quin eas
tribus in quibus magnas necessitudines habet Plancius, cum
ille non ediderit, iudicarit officiis ab hoc observatas, non
5 largitione corruptas? Quid enim potes dicere cur ista
editio non summam habeat acerbitatem, remota ratione illa
quam in decernendo secuti sumus? Tu deligas ex omni 40
populo aut amicos tuos aut inimicos meos aut denique eos
quos inexorabilis, quos inhumanos, quos crudelis existimes;
10 tu me ignaro, nec opinante, inscio convoces et tuos et
tuorum amicorum necessarios, iniquos vel meos vel etiam
defensorum meorum, eodemque adiungas quos natura putes
asperos atque omnibus iniquos; deinde effundas repente ut
ante consessum meorum iudicum videam quam potuerim
15 qui essent futuri suspicari, apud eosque me ne quinque
quidem reiectis, quod in proximo reo de consili sententia
constitutum est, cogas causam de fortunis omnibus dicere?
Non enim, si aut Plancius ita vixit ut offenderet sciens 41
neminem, aut tu ita errasti ut eos ederes imprudens, ut nos
20 invito te tamen ad iudices non ad carnifices veniremus,
idcirco ista editio per se non acerba est.

An vero nuper clarissimi cives nomen editicii iudicis non 17
tulerunt, cum ex cxxv iudicibus principibus equestris ordinis
quinque et lxx reus reiceret, l referret, omniaque potius
25 permiscuerunt quam ei legi condicionique parerent; nos
neque ex delectis iudicibus sed ex omni populo, neque
editos ad reiciendum sed ab accusatore constitutos iudices
ita feremus ut neminem reiciamus? Neque ego nunc legis 42
iniquitatem queror, sed factum tuum a sententia legis doceo

5 corruptas *TE* : *om. cett.*   potes *Wunder* : potest *codd.* (*cf.* § 7)
10–13 tu me . . . iniquos *del. Wunder*   10 inscio convoces *scripsi* :
insieco notes *T* : in sicco (in suto Σ: in sicto Σ *mg.* : inscio ϛ) notes
(voces *b¹*) *codd.*   11 amicorum *TE* : *om. cett.*   iniquos vel
Orelli : vel (aut *k*) iniquos (inimicos *bk*) vel (*om. b¹*) *codd.* : inimicos
vel *Garatoni*   15 eos qui me *TEa*   22 editici *TEΣ* : editicium
Schol. : editi *cett.* : *corr. Garatoni*   24 ferret *Gronovius*

discrepare ; et illud acerbum iudicium si, quem ad modum
senatus censuit populusque iussit, ita fecisses ut huic et
suam et ab hoc observatas tribus ederes, non modo non
quererer, sed hunc eis iudicibus editis qui idem testes esse
possent absolutum putarem, neque nunc multo secus exi- 5
stimo. Cum enim has tribus edidisti, ignotis te iudicibus
uti malle quam notis indicavisti ; fugisti sententiam legis,
aequitatem omnem reiecisti, in tenebris quam in luce causam
43 versari maluisti. 'Voltinia tribus ab hoc corrupta, Teretinam
habuerat venalem. Quid diceret apud Voltiniensis aut apud 10
tribulis suos iudices ?' Immo vero tu quid diceres ? quem
iudicem ex illis aut tacitum testem haberes aut vero etiam
excitares ? Etenim si reus tribus ederet, Voltiniam fortasse
Plancius propter necessitudinem ac vicinitatem, suam vero
certe edidisset. Vel si quaesitor huic edendus fuisset, quem 15
tandem potius quam hunc C. Alfium quem habet, cui
notissimus esse debet, vicinum, tribulem, gravissimum
hominem iustissimumque edidisset ? cuius quidem aequitas
et ea voluntas erga Cn. Planci salutem quam ille sine ulla
cupiditatis suspicione prae se fert facile declarat non fuisse 20
fugiendos tribulis huic iudices cui quaesitorem tribulem
18 exoptandum fuisse videatis. Neque ego nunc consilium
44 reprehendo tuum quod *non* eas tribus quibus erat hic
maxime notus ederis, sed a te doceo consilium non
servatum senatus. Etenim quis te tum audiret illorum, aut 25
quid diceres ? Sequestremne Plancium ? Respuerent aures,
nemo agnosceret, repudiarent. An gratiosum ? Illi libenter

---

2 huic *TE* : hunc *cett.*   3 tribus *TE* : *om. cett.*   ederes *TE* :
ederent *cett.*   4 iis (his *E*) *TE* : *om. cett.*   idem testes *TE* :
testes idem *cett.*   7 indic. *b²ς* : iudic. *cett.*   10 aut apud
TE : aut *cett.*   14 necess. ac (aut *T*) vicin. *TE* : vicin. ac necess.
cett.   15 certe *TE* : *om. cett.*   vel *Keil* : ut *TEa* : et *cett.*   huic
TE : *om. cett.*   19 ea *TE* : mea (-ae *Σ¹* : meae similis *Σ²ς*) *cett.*
21 fugiendos tribules huic iudices *TE* : fugiendum tribulem huic
iudices *cett.*   quaestorem *Ta*   23 non *b¹c²k* : *om. cett.*   erat
hoc loco hab. *TE, post* notus *cett.*   24 notus] notus non *b²c¹ψ*
26 diceret *T*   respuerint *TEa*   27 repudiarent *TE* : repudia-
retur *cett.*

audirent, nos non timide confiteremur. Noli enim putare,
Laterensis, legibus istis quas senatus de ambitu sanciri
voluerit id esse actum ut suffragatio, ut observantia, ut
gratia tolleretur. Semper fuerunt viri boni qui apud tribulis
5 suos gratiosi esse vellent ; neque vero tam durus in plebem 45
noster ordo fuit ut eam coli nostra modica liberalitate
noluerit, neque hoc liberis nostris interdicendum est, ne
observent tribulis suos, ne diligant, ne conficere necessariis
suis suam tribum possint, ne par ab eis munus in sua peti-
10 tione respectent. Haec enim plena sunt offici, plena obser-
vantiae, plena etiam antiquitatis. Isto in genere et fuimus
ipsi, cum ambitionis nostrae tempora postulabant, et clarissimos viros esse vidimus, et hodie esse volumus quam
plurimos gratiosos. Decuriatio tribulium, discriptio populi,
15 suffragia largitione devincta severitatem senatus et bonorum
omnium vim ac dolorem excitarent. Haec doce, haec
profer, huc incumbe, Laterensis, decuriasse Plancium, conscripsisse, sequestrem fuisse, pronuntiasse, divisisse ; tum
mirabor te eis armis uti quae tibi lex dabat noluisse. Tri-
20 bulibus enim iudicibus non modo severitatem illorum, si ista
vera sunt, sed ne voltus quidem ferre possemus. Hanc tu 46
rationem cum fugeris cumque eos iudices habere nolueris
quorum in huius delicto cum scientia certissima, tum dolor
gravissimus esse debuerit, quid apud hos dices qui abs te
25 taciti requirunt cur sibi hoc oneris imposueris, cur se potissimum delegeris, cur denique se divinare malueris quam eos
qui scirent iudicare ? Ego Plancium, Laterensis, et ipsum 19

---

2 sancire *codd.* : *corr. Manutius*   4 viri boni *TE* : boni viri *rell.*
5 vero *om. T*   10 exspectent *Lambinus*   12 nostrae *TE* :
nostra *cett.*   13 et ae hodie *T*   volumus] videmus *c²k, ed. V*
14 tribulum (-buum *b²c) codd.* : *corr. ed. V*   descriptio *codd.* : *corr.*
Bücheler   16 vim] iram *Cobet* : odium *Müller*   excitarent *Tc²* :
excitarem *a* : excitarunt *cett.*   19 te iis *Lag.* 9 : telis *TEa* : te his
cett.   utique tibi *TEa*   21 tu rationem] iurationem (ui rat. *a) TEa*
22 cumque] cu *T* : cum *Kayser*   eos *ed. Gryph.* : hos *codd.*
23 cum] tum *E*   25 sibi hoc *TEac* : hoc tibi (sibi *bkχ) cett.*

gratiosum esse dico et habuisse in petitione multos cupidos
sui gratiosos; quos tu si sodalis vocas, officiosam amicitiam
nomine inquinas criminoso; sin, quia gratiosi sint, accusan-
dos putas, noli mirari te id quod tua dignitas postularit
repudiandis gratiosorum amicitiis non esse adsecutum. 5
47 Nam ut ego doceo gratiosum esse in sua tribu Plancium,
quod multis benigne fecerit, pro multis spoponderit, in
operas plurimos patris auctoritate et gratia miserit, quod
denique omnibus officiis per se, per patrem, per maiores
suos totam Atinatem praefecturam comprehenderit, sic tu 10
doce sequestrem fuisse, largitum esse, conscripsisse, tribulis
decuriavisse. Quod si non potes, noli tollere ex ordine
nostro liberalitatem, noli maleficium putare esse gratiam,
noli observantiam sancire poena.

Itaque haesitantem te in hoc sodaliciorum tribuario 15
crimine ad communem ambitus causam contulisti, in qua
desinamus aliquando, si videtur, volgari et pervagata decla-
48 matione contendere. Sic enim tecum ago. Quam tibi
commodum est, unam tribum delige; tu doce, id quod
debes, per quem sequestrem, quo divisore corrupta sit; ego, 20
si id facere non potueris quod, ut opinio mea fert, ne incipies
quidem, per quem tulerit docebo. Estne haec vera contentio? placetne sic agi? num possum magis pedem conferre,
ut aiunt, aut propius accedere? Quid taces, quid dissimulas,
quid tergiversaris? Etiam atque etiam insto atque urgeo, 25
insector, posco atque adeo flagito crimen. Quamcumque
tribum, inquam, delegeris quam tulerit Plancius, tu ostendito,
si poteris, vitium; ego qua ratione tulerit docebo. Neque
erit haec alia ratio Plancio ac tibi, Laterensis. Nam ut

3 sint *TEac*: sunt *cett.*   6 nam *TE*: iam *cett.*   in sua *TE*:
om. *cett.*   9 se per] se *T*   15 tribunario *P*   19 est]
sit *E¹*   tribum unam *TE*   delige tu: doce *Naugerius* (1)   22
quem] quae *codd. Sylvii*   23 num *TE*: non *cett.*   26 insequor *E*
ideo *Ta*   28 potueris *E*   neque *TE*: nec *cett.*   29 tibi
TE: om. *cett.*   Laterensis *TEa*: Laterensi *cett.*

quas tribus tu tulisti, si iam ex te requiram, possis quorum
studio tuleris explicare, sic ego hoc contendo, me tibi ipsi
adversario cuiuscumque tribus rationem poposceris reddi-
turum.

5 Sed cur sic ago? Quasi non comitiis iam superioribus **20**
sit Plancius designatus aedilis ; quae comitia primum habere **49**
coepit consul cum omnibus in rebus summa auctoritate, tum
harum ipsarum legum ambitus auctor ; deinde habere coepit
subito praeter opinionem omnium, ut, ne si cogitasset
10 quidem largiri quispiam, daretur spatium comparandi.
Vocatae tribus, latum suffragium, diribitae *tabellae*. Longe
plurimum valuit Plancius ; nulla largitionis nec fuit nec
esse potuit suspicio. Ain tandem? una centuria praerogativa tantum habet auctoritatis ut nemo umquam prior eam
15 tulerit quin renuntiatus sit aut eis ipsis comitiis consul aut
certe in illum annum ; aedilem tu Plancium factum esse
miraris, in quo non exigua pars populi, sed universus populus
voluntatem suam declararit, cuius in honore non unius
tribus pars sed comitia tota comitiis fuerint praerogativa?
20 Quo quidem tempore, Laterensis, si id facere voluisses, aut **50**
si gravitatis esse putasses tuae quod multi nobiles saepe
fecerunt, ut, cum minus valuissent suffragiis quam putassent,
postea prolatis comitiis prosternerent se et populo Romano
fracto animo atque humili supplicarent, non dubito quin
25 omnis ad te conversura *se* fuerit multitudo. Numquam
enim fere nobilitas, integra praesertim atque innocens, a
populo Romano supplex repudiata est. Sed si tibi gravitas
tua et magnitudo animi pluris fuit, sicuti esse debuit, quam

---

1 si iam *Eb¹* : sic iam *Σ* : suam (sententiam *k*) *cett.*   3 cuiusque
TEa   5 cur *TEak* : cur ego *cett.*   9 omnium *om. T*   10 largiri
quispiam *TE* : quispiam largiri *cett.*   11 diribitae (-pite *a*) *TEa* :
descriptae *cett.*   tabellae *Wunder* : renuntiatae *codd.* (*glossema voc.*
tabellae *expulit*)   13 ain *TE* : an *cett.*   15 iis *Tk* : his *cett.*
19 fuerint (-unt *b¹*) *Σb¹* : fuerit *cett.*   20 Later. si id *TE* : si id,
Later. *cett.*   25 se *suppl. hoc loco ed. V, post te Σ mg., post omnis
Cobet*   26 fere *TE* : *om. cett.*, Schol.   27 Romano *om. Schol.*
est *E* : sunt *T* : fuit *cett.*   28 sicuti *TE* : sicut *cett.*

aedilitas, noli, cum habeas id quod malueris, desiderare id
quod minoris putaris.   Equidem primum ut honore dignus
essem maxime semper laboravi, secundo ut existimarer ;
tertium mihi fuit illud quod plerisque primum est, ipse
honos, qui eis denique debet esse iucundus quorum dignitati 5
populus Romanus testimonium, non beneficium ambitioni
dedit.

21   Quaeris etiam, Laterensis, quid imaginibus tuis, quid
51 ornatissimo atque optimo viro, patri tuo, respondeas mortuo.
Noli ista meditari atque illud cave potius ne tua ista querela 10
dolorque nimius ab illis sapientissimis viris reprendatur.
Vidit enim pater tuus Appium Claudium, nobilissimum
hominem, vivo fratre suo, potentissimo et clarissimo civi, C.
Claudio, aedilem non esse factum et eundem sine repulsa
factum esse consulem ; vidit hominem sibi maxime coniun- 15
ctum, egregium virum, L. Volcatium, vidit M. Pisonem ista
in aedilitate offensiuncula accepta summos a populo Romano
esse honores adeptos.   Avus vero tuus et P. Nasicae tibi
aediliciam praedicaret repulsam, quo cive neminem ego
statuo in hac re publica fortiorem, et C. Mari, qui duabus 20
aedilitatis acceptis repulsis septiens consul est factus, et L.
Caesaris, Cn. Octavi, M. Tulli, quos omnis scimus aedilitate
52 praeteritos consules esse factos.   Sed quid ego aedilicias
repulsas conligo ? quae saepe eius modi habitae sunt ut eis
qui praeteriti essent benigne a populo factum videretur. 25
Tribunus militum L. Philippus, summa nobilitate et
eloquentia, quaestor C. Caelius, clarissimus ac fortissimus
adulescens, tribuni pl. P. Rutilius Rufus, C. Fimbria, C.
Cassius, Cn. Orestes facti non sunt, quos tamen omnis consules factos scimus esse.   Quae tibi ultro pater et maiores 30

---

3 secundo loco *Hirschfelder*: *fort.* secundum (*cf. Vat.* 15)   11 reprehendatur *codd.* (*cf.* § 8)   13 fratre *Borghesi*: patre *codd.*
cive *b¹c*   16 Volcacium *TEgp*   ista in *TE, Priscian.* iii. 34 :
in ista *cett.*   21 aedilitatibus repulsus *E*   27 quaesitor *T*
C. *g, Manutius* : Q. *cett.*   30 scimus factos *E*

tui non consolandi tui gratia dicent, neque vero quo te
liberent aliqua culpa, quam tu vereris ne a te suscepta
videatur, sed ut te ad istum cursum tenendum quem a prima
aetate suscepisti cohortentur.   Nihil est enim, mihi crede,
5 Laterensis, de te detractum. *Detractum* dico ; si me hercule
vere quod accidit interpretari velis, est aliquid etiam de
virtute significatum tua.   Noli enim existimare non magnum **22**
quendam motum fuisse illius petitionis tuae, de qua ne
aliquid iurares destitisti.   Denuntiasti homo adulescens
10 quid de summa re publica sentires, fortius tu quidem quam
non nulli defuncti honoribus, sed apertius quam vel ambitionis vel aetatis tuae ratio postulabat.   Quam ob rem in 53
dissentiente populo noli putare nullos fuisse quorum animos
tuus ille fortis animus offenderet ; qui te incautum fortasse
15 nunc tuo loco demovere potuerunt, providentem autem et
praecaventem numquam certe movebunt.

An te illa argumenta duxerunt?   'Dubitatis,' inquit,
'quin coitio facta sit, cum tribus plerasque cum Plotio
tulerit Plancius?'   An una fieri potuerunt, si una tribus
20 non tulissent?   'At non nullas punctis paene totidem.'
Quippe, cum iam facti prope superioribus comitiis declara-
tique venissent.   Quamquam ne id quidem suspicionem
coitionis habuerit.   Neque enim umquam maiores nostri
sortitionem constituissent aediliciam, nisi viderent accidere
25 posse ut competitores pares suffragiis essent.   Et ais priori- 54
bus comitiis Aniensem a Plotio Pedio, Teretinam *a* Plancio
tibi esse concessam ; nunc ab utroque eas avolsas, ne in
angustum venirent.   Quam convenit nondum cognita populi
voluntate hos quos iam tum coniunctos fuisse dicis iacturam

3 istum cursum *TEb*[1] : cursum istum *cett*   5 detractum. Detractum *k, Angelius* : detractum *cett*.   8 illius *om. Schol.*   10
re *TE* : r. *a* : rei *cett*.   15 autem *TE* : ante *cett*.   16 demovebunt
Ernesti   17 dubitabitis *Schol.*   inquit *del. Cobet*   20 at *ed.
Crat.* : an *codd.*   21 facti *b*[2]*k. Angelius* : factis *cett*.   23 coitionis]
comitiis *E*   26 Plotio Pedio *TE* : plocio *k* : potius plodio (plotio
b) *cett*.   a *bk, edd. VR* : *om. cett.*   29 iam] tam *T*

suarum tribuum, quo vos adiuvaremini, fecisse ; eosdem,
cum iam essent experti quid valerent, restrictos et tenacis
fuisse ? Etenim verebantur, credo, angustias. Quasi res in
contentionem aut in discrimen aliquod posset venire. Sed
tamen tu A. Plotium, virum ornatissimum, in idem crimen 5
vocando indicas eum te adripuisse a quo non sis interrogatus.
Nam quod questus es pluris te testis habere de Voltinia
quam quot in ea tribu puncta tuleris, indicas aut eos testis
te producere qui, quia nummos acceperint, te praeterierint,

23
55 aut te ne gratuita quidem eorum suffragia tulisse. Illud 10
vero crimen de nummis quos in circo Flaminio deprehensos
esse dixisti caluit re recenti, nunc in causa refrixit. Neque
enim qui illi nummi fuerint nec quae tribus nec qui divisor
ostendis. Atque is quidem eductus ad consules qui tum in
crimen vocabatur se inique a tuis iactatum graviter quere- 15
batur. Qui si erat divisor, praesertim eius quem tu habebas
reum, cur abs te reus non est factus ? cur non eius damnatione aliquid ad hoc iudicium praeiudici comparasti ?

Sed neque tu haec exhibes neque eis confidis ; alia te
ratio, alia cogitatio ad spem huius opprimendi excitavit. 20
Magnae sunt in te opes, late patet gratia ; multi amici, multi
cupidi tui, multi fautores laudis tuae. Multi huic invident,
multis etiam pater, optimus vir, nimium retinens equestris
iuris et libertatis videtur ; multi etiam communes inimici
reorum omnium, qui ita semper testimonium de ambitu 25
dicunt quasi aut moveant animos iudicum suis testimoniis,
aut gratum populo Romano sit, aut ab eo facilius ob eam

4 possent *E*   5 A. Plotium *E*: an plocium (ampl. *T*) *cett.*
6 vocando *TE*: vocandum *cett.*   iudicas *codd.* : *corr. Garatoni*
interrogatus *scripsi*: rogatus *codd.* (*i. e. laesisti Plotium, qui testibus
tuis pepercit*)   7 te *om. T*   8 quot *b²χϚ* : quod *cett.*
iudicas *codd.* : *corr. Angelius*   9 producere *TE*: adducere *cett.*
12 re *om. Ta*   14 ostendis *TE*: ostenderis (-ras *k*) *cett.*   atque
Hirschfelder   15 iactatum *EΣk*: iactatus (-tari *b⁷ψ²*) *bψ* : iacturam
cett.   17 cur non] cur *T*   19 haec exhibes *scripsi*: haec
habes *TE* : habes haec *cett.*   25 reorum *b²Ϛ* : reum *T* : rerum *cett.*
26 iudicum *TE*: *om. cett.*

causam dignitatem quam volunt consequantur. Quibuscum 56
me, iudices, pugnantem more meo pristino non videbitis;
non quo mihi fas sit quicquam defugere quod salus Planci
postulet, sed quia neque necesse est me id persequi voce
5 quod vos mente videatis, et quod ita de me meriti sunt illi
ipsi quos ego testis video paratos ut eorum reprehensionem
vos vestrae prudentiae adsumere, meae modestiae remittere
debeatis. Illud unum vos magno opere oro atque obsecro,
iudices, cum huius quem defendo, tum communis periculi
10 causa, ne fictis auditionibus, ne disseminato dispersoque
sermoni fortunas innocentium subiciendas putetis. Multi 57
amici accusatoris, non nulli etiam nostri iniqui, multi communes obtrectatores atque omnium invidi multa finxerunt.
Nihil est autem tam volucre quam maledictum, nihil facilius
15 emittitur, nihil citius excipitur, latius dissipatur. Neque
ego, si fontem maledicti reperietis, ut neglegatis aut dissi-
muletis umquam postulabo. Sed si quid sine capite manabit,
aut si quid erit eius modi ut non exstet auctor, qui audierit
autem aut ita neglegens vobis esse videbitur ut unde audierit
20 oblitus sit, aut ita levem habebit auctorem ut memoria
dignum non putarit, huius illa vox volgaris 'audivi' ne quid
innocenti reo noceat oramus.

Sed venio iam ad L. Cassium, familiarem meum, cuius 24
ex oratione ne illum quidem Iuventium tecum expostulavi, 58
25 quem ille omni et humanitate et virtute ornatus adulescens
primum de plebe aedilem curulem factum esse dixit. In
quo, Cassi, si ita tibi respondeam, nescisse id populum
Romanum, neque fuisse qui id nobis narraret, praesertim

2 more meo *TE, Schol.* : meo more *cett.*   3 defugere *Schol.* :
effugere *cett.*   5 sint *TE*   7 molestiae *T*   11 sermone *TE*
12 accusatores *TEa*   iniqui] inimici *Lambinus*   15 latius] nihil
latius *c²χ*   16 ut] ut aut *c*   18 aut quod erit *TEc* : atque erit *Müller*
qui] si qui *Koeph* : quique *Müller*   19 autem *suppl. Baiter*   21 audivi
TEp : auditu *cett.*   22 innoc. reo *TE* : reo innoc. *cett.*   23 iam
om. *T*   25 et humanitate (humilitate *T*) et virtute *TE* : et virtute
et humanitate *cett.*   27 ita tibi *TE* : tibi ita *Schol.* : illa (ista *ap5*)
tibi *cett.*   28 id fuisse qui nobis *T*

CIC. PRO TVLL.   9

mortuo Congo, non, ut opinor, admirere, cum ego ipse non
abhorrens a studio antiquitatis me hic id ex te primum
audisse confitear. Et quoniam tua fuit perelegans et per-
subtilis oratio, digna equitis Romani vel studio vel pudore,
quoniamque sic ab his es auditus ut magnus honos et 5
ingenio et humanitati tuae tribueretur, respondebo ad ea
quae dixisti, quae pleraque de ipso me fuerunt ; in quibus
ipsi aculei, si quos habuisti in me reprehendendo, tamen
59 mihi non ingrati acciderunt. Quaesisti utrum mihi putarem, equitis Romani filio, faciliorem fuisse ad adipiscendos 10
honores viam an futuram esse filio meo, quia esset familia
consulari. Ego vero quamquam illi omnia malo quam mihi,
tamen honorum aditus numquam illi faciliores optavi quam
mihi fuerunt. Quin etiam, ne forte ille sibi me potius pepe-
risse iam honores quam iter demonstrasse adipiscendorum 15
putet, haec illi soleo praecipere—quamquam ad praecepta
aetas non est gravis—quae rex ille a Iove ortus suis praecepit filiis :

    Vigilandum est semper ; multae insidiae sunt bonis.

    Id quod multi invideant—   20
Nostis cetera. Nonne, quae scripsit gravis et ingeniosus
poeta, scripsit non ut illos regios pueros qui iam nusquam
erant, sed ut nos et nostros liberos ad laborem et ad laudem
excitaret ?

60   Quaeris quid potuerit amplius adsequi Plancius, si Cn. 25
Scipionis fuisset filius. Magis aedilis fieri non potuisset,
sed hoc praestaret, quod ei minus invideretur. Etenim

---

1 Conco *Schol.* : long. *T* : longe *E* : longino *cett.* : corr. *Roth*
2 audisse primum *T*   3 confiteor *E*   7 ipso (-os *T*) me *T*,
Lambinus : ipso fine *cett.*   11 esset e *E*   13 tamen *TE* :
tamen illi *cett.*   illi *TE* : om. *cett.*   17 gravis *T* : gnarus
Ea : generatus Σgp : gnatus (-ti *k*) *cett.* : grandis *Klotz*   quae rex
Klotz : quare (que *b*) *codd.*   praecipit *T* : praecepit *cett.*
20 id quod multi videant (*sic*) *post* nonne *hab. codd.* : *huc transtuli* (*cf.*
Sest. 102)   21 nosti *Angelius* : nostris *codd.*   cetera *TEa* :
ceteraque *cett.*   22 scripsit non] non *c*, *ed. V*   23 et ad *TE* :
et *cett.*   27 praestaret *TEa* : praestare *cett.*

honorum gradus summis hominibus et infimis sunt pares,
gloriae dispares. Quis nostrum se dicit M'. Curio, quis C. 25
Fabricio, quis C. Duellio parem, quis *A*. Atilio Calatino,
quis Cn. et P. Scipionibus, quis Africano, Marcello, Maximo?
5 Tamen eosdem sumus honorum gradus quos illi adsecuti.
Etenim in virtute multi sunt adscensus, ut is maxime gloria
excellat qui virtute plurimum praestet ; honorum populi
finis est consulatus ; quem magistratum iam octingenti fere
consecuti sunt.   Horum, si diligenter quaeres, vix decimam
10 partem reperies gloria dignam.   Sed nemo umquam sic egit
ut tu : ' cur iste fit consul ? quid potuit amplius, si L.
Brutus esset, qui civitatem dominatu regio liberavit ? '
Honore nihil amplius, laude multum.   Sic igitur Plancius
nihilo minus quaestor est factus et tribunus pl. et aedilis
15 quam si esset summo loco natus, sed haec pari loco orti
sunt innumerabiles alii consecuti.   Profers triumphos T. 61
Didi et C. Mari et quaeris quid simile in Plancio.   Quasi
vero isti quos commemoras propterea magistratus ceperint
quod triumpharant, et non, quia commissi sunt eis magi-
20 stratus in quibus re bene gesta triumpharent, *propterea
triumpharint*.   Rogas quae castra viderit ; qui et miles in
Creta hoc imperatore et tribunus in Macedonia militum
fuerit, et quaestor tantum ex re militari detraxerit temporis
quantum in me custodiendum transferre maluerit.   Quaeris
25 num disertus sit.   Immo, id quod secundum est, ne sibi 62
quidem videtur.   Num iuris consultus.   Quasi quisquam
sit qui sibi hunc falsum de iure respondisse dicat.   Omnes

3 C. Duellio *Vrsinus* : P. (*om. T*) Duellio (Duilio *b²*) *codd.*   A.
suppl. Kayser   5 tamen *TE* : om. *cett.*   6 etenim *TEc¹* : et
enim *cett.*   multi sunt *TE* : multis *cett.*   max. gloria *TE* :
gloria max. *cett.*   9 quaeres *TEa* : quaeras *cett.*   10 reperies
bψ²ç ; reperis *cett.*   11 fit] sit *TE*   17 Didi *TEa* : om. *cett.*
in lac.   quid sit *Baiter*   18 magistratus] magg. *TE* : magis *cett.*
ceperint *TE* : gesserint *b²* : laude fuerint digni *b¹ç* : om. *cett. in lac.*
19 triumpharunt χç   20 propterea triumpharint *suppl. Müller*   22
Metello hoc *Naugerius* (2) (*cf.* § 27)   militum *post* trib. hab. *h* : *del.*
Wunder   25 sit *TE* : om. *cett.*

enim istius modi artes in eis reprehenduntur qui, cum professi sunt, satis facere non possunt, non in eis qui se afuisse
ab istis studiis confitentur. Virtus, probitas, integritas in
candidato, non linguae volubilitas, non ars, non scientia
requiri solet. Vt nos in mancipiis parandis quamvis frugi 5
hominem si pro fabro aut pro tectore emimus, ferre moleste
solemus, si eas artis quas in emendo secuti sumus forte
nesciunt, sin autem emimus quem vilicum imponeremus,
quem pecori praeficeremus, nihil in eo nisi frugalitatem,
laborem, vigilantiam esse curamus, sic populus Romanus 10
deligit magistratus quasi rei publicae vilicos; in quibus si
qua praeterea est ars, facile patitur, sin minus, virtute eorum
et innocentia contentus est. Quotus enim quisque disertus,
quotus quisque iuris peritus est, ut eos numeres qui volunt
esse? Quod si praeterea nemo est honore dignus, quidnam 15
tot optimis et ornatissimis civibus est futurum?

26   Iubes Plancium de vitiis Laterensis dicere. Nihil potest
6₃ nisi eum nimis in se iracundum putavisse. Idem effers
Laterensem laudibus. Facile patior id te agere multis verbis
quod ad iudicium non pertineat, et id te accusantem tam 20
diu dicere quod ego defensor sine periculo possim confiteri.
Atqui non modo confiteor summa in Laterense ornamenta
esse sed te etiam reprehendo quod ea non enumeres, alia
quaedam inania et levia conquiras. 'Praeneste fecisse
ludos.' Quid? alii quaestores nonne fecerunt? 'Cyrenis 25
liberalem in publicanos, iustum in socios fuisse.' Quis
negat? sed ita multa Romae geruntur ut vix ea quae fiunt
in provinciis audiantur.

1 iis *E* : his *cett.*   requiruntur *Cobet*   2 se *TE* : *om. cett.*
afuisse *T* : abfuisse *cett.*   6 tectore *TE* : textore *cett.*   8 nesciunt
TEa : nesciverit (-int *b¹c*) *cett.*   vilicum *Tc¹k* : villicum *cett.*
11–13 deligit te eorum et *T med. om.*   15 nemo est honore dignus
TE, Σ *mg.*, *p mg.* : honore dignus (*add.* nemo *b²�*) *cett.*   18 putavisse *scripsi* : putabis fuisse (*opinor ex* putabisse) *codd.* : fuisse *Gulielmius*   effers] ut fers *T* : ecfers *Garatoni*   21 defensoᵣ *T* :
defensori *E* : defensurus *Klotz*   23 enumeras *T*

Non vereor ne mihi aliquid, iudices, videar adrogare, si 64
de quaestura mea dixero. Quamvis enim illa floruerit, tamen
eum me postea fuisse in maximis imperiis arbitror ut non ita
multum mihi gloriae sit ex quaesturae laude repetendum.
5 Sed tamen non vereor ne quis audeat dicere ullius in Sicilia
quaesturam aut clariorem aut gratiorem fuisse. Vere me
hercule hoc dicam : sic tum existimabam, nihil homines
aliud Romae nisi de quaestura mea loqui. Frumenti in
summa caritate maximum numerum miseram ; negotiatori-
10 bus comis, mercatoribus iustus, mancipibus liberalis, sociis
abstinens, omnibus eram visus in omni officio diligentissi-
mus ; excogitati quidam erant a Siculis honores in me
inauditi. Itaque hac spe decedebam ut mihi populum 65
Romanum ultro omnia delaturum putarem. At ego cum
15 casu diebus eis itineris faciendi causa decedens e provincia
Puteolos forte venissem, cum plurimi et lautissimi in eis
locis solent esse, concidi paene, iudices, cum ex me quidam
quaesisset quo die Roma exissem et num quidnam esset
novi. Cui cum respondissem me e provincia decedere :
20 ‘ etiam me hercule,’ inquit, ‘ ut opinor, ex Africa.’ Huic 27
ego iam stomachans fastidiose : ‘ immo ex Sicilia,’ inquam.
Tum quidam, quasi qui omnia sciret : ‘ quid ? tu nescis,’
inquit, ‘ hunc quaestorem Syracusis fuisse ? ’ Quid multa ?
destiti stomachari et me unum ex eis feci qui ad aquas
25 venissent.

Sed ea res, iudices, haud scio an plus mihi profuerit quam 66
si mihi tum essent omnes gratulati. Nam postea quam sensi

---

1 adrogare *TE, Schol.* : arrogasse *cett.*   3 imperiis *TEa* : rebus
b²ψ² : *om. cett.*   4 multum mihi *TE* : mihi multum *cett.*   gloriae
TEa : *om. cett.*   6 aut clar. aut grat. *TE* : aut. grat. aut clar. *cett.*
10 mancipibus *TE* : municipibus *cett.*   12 in me *TE* : *om. cett.*
15 decedens e provincia *om. b¹* : *del. Campe*   16 in his locis solent
esse *TE* : solent esse in his locis *cett.*   18 num quidnam *TE* : numquid
in ea *cett.*   19 me e *bc* : mea *T* : mea e *cett.*   23 quaestorem Syr.
TE : Syr. quaestorem *cett.*   24 iis *E⌐* : his *cett.*   26 an pluris
mihi fuerit quam *Schol.*   27 gratulati *TE, Schol.* : congratulati *cett.*

populi Romani auris hebetiores, oculos autem esse acris
atque acutos, destiti quid de me audituri essent homines
cogitare; feci ut postea cotidie praesentem me viderent,
habitavi in oculis, pressi forum; neminem a congressu meo
neque ianitor meus neque somnus absterruit. Ecquid ego 5
dicam de occupatis meis temporibus, cui fuerit ne otium
quidem umquam otiosum? Nam quas tu commemoras,
Cassi, legere te solere orationes, cum otiosus sis, has ego
scripsi ludis et feriis, ne omnino umquam essem otiosus.
Etenim M. Catonis illud quod in principio scripsit Originum 10
suarum semper magnificum et praeclarum putavi, 'clarorum
virorum atque magnorum non minus oti quam negoti
rationem exstare oportere.' Itaque si quam habeo laudem,
quae quanta sit nescio, parta Romae est, quaesita in foro;
meaque privata consilia publici quoque casus comprobave- 15
runt, ut etiam summa res publica mihi domi fuerit gerenda
67 et urbs in urbe servanda. Eadem igitur, Cassi, via munita
Laterensi est, idem virtuti cursus ad gloriam, hoc facilior
fortasse quod ego huc a me ortus et per me nixus ascendi,
istius egregia virtus adiuvabitur commendatione maiorum. 20

Sed ut redeam ad Plancium, numquam ex urbe is afuit
nisi sorte, lege, necessitate; non valuit rebus isdem quibus
fortasse non nulli, at valuit adsiduitate, valuit observandis
amicis, valuit liberalitate; fuit in oculis, petivit, ea est usus
ratione vitae qua minima invidia novi homines plurimi sunt 25
eosdem honores consecuti.

1 populi R. *c* : p. R. *TEa* : populum R. *cett.*   autem esse *TE* : om.
cett.   2 acutos *TEa* : acutos habere *cett.*   4 forum *Pantagathus* :
eorum *codd.*   5 ecquid *ed. Gryph.* : et quid *codd.*: sed quid *Lambinus*
6 ne otium (negocium *a*) quidem umquam *TEa* : negotium (quidem *add.*
bG̃) nunquam *cett.*   9 ludis *TEaψ¹* : rudis *cett.*   feriis *TE* : ferus *cett.*
10 quod . . . suarum] *fort. delendum (colon numero caret)*   12
virorum] hominum *TE (contra Schol.)*   13 itaque *TEc²* : ita *cett.*   18
virtuti *TE* : virtutis *cett.*   20 istius om. *T*   21 is afuit *Garatoni* :
isfuit *T* : abfuit *cett.*   22 forte *bpχG̃*   22-23 valuit . . . adsiduitate
om. *T*   23 adservandis *TE* : servandis *cett.* : corr. *Naugerius* (a)
24 fuit in oculis fuit *T*   ea *TE* : om. *cett.*   25 vitae *TE* : om. *cett.*
sunt *hoc loco hab. TE, post* consec. *b²kχ, om. cett.*

Nam quod ais, Cassi, non plus me Plancio debere quam 28
bonis omnibus, quod eis aeque mea salus cara fuerit, ego 68
me debere bonis omnibus fateor.   Sed etiam ei quibus ego
debeo boni viri et cives comitiis aediliciis aliquid se meo
5 nomine Plancio debere dicebant.   Verum fac me multis
debere et in eis Plancio ; utrum igitur me conturbare oportet,
an ceteris, cum cuiusque dies venerit, hoc nomen quod
urget nunc cum petitur dissolvere ?   Quamquam dissimilis
est pecuniae debitio et gratiae.   Nam qui pecuniam dis-
10 solvit, statim non habet id quod reddidit ; qui autem debet,
is retinet alienum ; gratiam autem et qui refert habet, et qui
habet in eo ipso quod habet refert.   Neque ego nunc
Plancio desinam debere, si hoc solvero, nec minus ei
redderem voluntate ipsa, si hoc molestiae non accidisset.
15 Quaeris a me, Cassi, quid pro fratre meo, qui mihi est caris- 69
simus, quid pro meis liberis, quibus nihil mihi potest esse
iucundius, amplius quam quod pro Plancio facio facere
possim, nec vides istorum ipsorum caritate ad huius salutem
defendendam maxime stimulari me atque excitari.   Nam
20 neque illis huius salute a quo meam sciunt esse defensam
quicquam est optatius, et ego ipse numquam illos aspicio
quin, cum per hunc me eis conservatum esse meminerim,
huius meritum in me recorder.
     Opimium damnatum esse commemoras, servatorem ipsum
25 rei publicae, Calidium adiungis, cuius lege Q. Metellus in
civitatem sit restitutus ; reprehendis meas pro Plancio
preces, quod neque Opimius suo nomine liberatus sit neque
Metelli Calidius.   De Calidio tibi tantum respondeo quod 29
ipse vidi, Q. Metellum Pium consulem praetoriis comitiis

3 ii *T5* : hi *cett.*   5 Plancio debere *TE*: debere Plancio *cett.*
6 iis *T*: his *cett.*   7 hoc] huic *Wunder*   11 is] aes *b¹cχψ,*
ed. R   12 in *om. Schol.*   16 mihi potest *TE*: potes mihi *cett.*
17 quod *TE*: *om. cett.*   22 cum *TE*: *om. cett.*   iis *TE*: his
cett.   26 civitate *T*   27 neque *TE*: nec *cett.*   neque
Metelli *TE*: nec Q. Metelli *cett.*

petente Q. Calidio populo Romano supplicasse, cum quidem
non dubitaret et consul et homo nobilissimus patronum esse
70 illum suum et familiae nobilissimae dicere. Quo loco quaero
ex te num id in iudicio Calidi putes quod ego in Planci
facio, aut Metellum Pium, si Romae esse potuisset, aut 5
patrem eius, si vixisset, non fuisse facturum. Nam Opimi
quidem calamitas utinam ex hominum memoria posset
evelli! Volnus illud rei publicae, dedecus huius imperi,
turpitudo populi Romani, non iudicium putandum est.
Quam enim illi iudices, si iudices et non parricidae patriae 10
nominandi sunt, graviorem potuerunt rei publicae infligere
securim quam cum illum e civitate eiecerunt qui praetor
finitimo, consul domestico bello rem publicam liberarat?
71 At enim nimis ego magnum beneficium Planci facio et, ut
ais, id verbis exaggero. Quasi vero me tuo arbitratu et non 15
meo gratum esse oporteat. 'Quod istius tantum meritum?'
inquit; 'an quia te non iugulavit?' Immo vero quia
iugulari passus non est. Quo quidem tu loco, Cassi, etiam
purgasti inimicos meos meaeque vitae nullas ab illis insidias
fuisse dixisti. Posuit hoc idem Laterensis. Quam ob rem 20
paulo post de isto plura dicam; de te tantum requiro, utrum
putes odium in me mediocre inimicorum fuisse—quod fuit
ullorum umquam barbarorum tam immane ac tam crudele
in hostem?—an fuisse in eis aliquem aut famae metum aut
poenae quorum vidisti toto illo anno ferrum in foro, flammam 25
in delubris, vim in tota urbe versari. Nisi forte existimas
eos idcirco vitae meae pepercisse quod de reditu meo nihil
timerent. Et quemquam putas fuisse tam excordem qui
vivis his, stante urbe et curia rediturum me, si viverem, non

---

   2 esse illum *TE* : illum esse *cett.*   3 familiae *TE* : familiae suae
cett.   ducere *T*   4 Plancio *Tbς*   12 eiecerunt *om. T*   14
at ego nimiis *T*   Planci *Lambinus* : Plancio *codd.* : *fort.* in Plancio
facio *TE*: iacto *Σ mg., p mg.* : *om. cett.*   21 paulo post de isto
TE: de isto paulo post *cett.*   23 ullorum *TE*: ullorum tantum
requiro utrum putes odium *cett.*   26 forte *TE*: *om. cett.*   27
nihil *TE*: *om. a* : non *cett.*

putaret? Quam ob rem non debes is homo et is civis praedicare vitam meam, quae fidelitate amicorum conservata sit, inimicorum modestia non esse appetitam.

30 72 Respondebo tibi nunc, Laterensis, minus fortasse vehementer quam abs te sum provocatus, sed profecto nec considerate minus nec minus amice. Nam primum fuit illud asperius me, quae de Plancio dicerem, ementiri et temporis causa fingere. Scilicet homo sapiens excogitavi quam ob rem viderer maximis benefici vinculis obstrictus, cum liber essem et solutus. Quid enim? mihi ad defendendum Plancium parum multae, parum iustae necessitudines erant familiaritatis, vicinitatis, patris amicitiae? quae si non essent, vererer, credo, ne turpiter facerem, si hoc splendore et hac dignitate hominem defenderem. Fingenda mihi fuit videlicet causa peracuta ut ei quem mihi debere oporteret ego me omnia debere dicerem. At id etiam gregarii milites faciunt inviti ut coronam dent civicam et se ab aliquo servatos esse fateantur, non quo turpe sit protectum in acie ex hostium manibus eripi—nam id accidere nisi forti viro et pugnanti comminus non potest—, sed onus benefici reformidant, quod permagnum est alieno debere idem quod parenti. 73 Ego, cum ceteri vera beneficia etiam minora dissimulent, ne obligati esse videantur, eo me beneficio obstrictum esse ementior cui ne referri quidem gratia posse videatur? An hoc tu, Laterensis, ignoras? qui cum mihi esses amicissimus, cum vel periculum vitae tuae mecum sociare voluisses, cum me in illo tristi et acerbo luctu atque discessu non lacrimis solum tuis sed animo, corpore, copiis prosecutus esses, cum meos liberos et uxorem me absente tuis opibus auxilioque

3 sit] est *Madvig* modestia $\Sigma b^1 p$: molestia *cett.* 6 fuit illud *TEa* : illud fuit *cett.* 7 ementiri *Bake* : mentiri *codd.* 9 vinclis *E* 12–13 familiaritatis . . . turpiter *om.* *T* 13 vererer *Ea* : vereor *cett.* 14 mihi fuit *TEς* : fuit mihi *cett.* videlicet *TEa* : iudices *cett.* 16 faciunt milites *T* (*contra Schol.*) 17 civicam] cuiquam *E* 18 ex *TE* : et *a* : *om. cett.*

defendisses, sic mecum semper egisti, te mihi remittere
atque concedere ut omne studium meum in Cn. Planci
honore consumerem, quod eius in me meritum tibi etiam
74 ipsi gratum esse dicebas.   Nihil autem me novi, nihil temporis causa dicere, nonne etiam est illa testis oratio quae est 5
a me prima habita in senatu?   In qua cum perpaucis nominatim egissem gratias, quod omnes enumerari nullo modo
possent, scelus autem esset quemquam praeteriri, statuissem-
que eos solum nominare qui causae nostrae duces et quasi
signiferi fuissent, in his Plancio gratias egi. Recitetur oratio, 10
quae propter rei magnitudinem dicta de scripto est; in qua
ego homo astutus ei me dedebam cui nihil magno opere
deberem, et huius offici tanti servitutem astringebam testimonio sempiterno.   Nolo cetera quae a me mandata sunt
litteris recitare; praetermitto, ne aut proferre videar ad 15
tempus aut eo genere uti litterarum quod meis studiis aptius
quam consuetudini iudiciorum esse videatur.

31
75   Atque etiam clamitas, Laterensis: 'quo usque ista dicis?
nihil in Cispio profecisti; obsoletae iam sunt preces tuae.'
De Cispio mihi igitur obicies, quem ego de me bene meritum, 20
quia te teste cognoram, te eodem auctore defendi? et ei
dices 'quo usque?' quem negas, quod pro Cispio contenderim, impetrare potuisse?   Nam istius verbi 'quo usque'
haec poterat esse invidia: 'datus est tibi ille, condonatus
est ille; non facis finem; ferre non possumus.' Ei quidem 25

---

1 te] tu *E*   2 meum studium *E*   3 honorem χϚ, *ed. R*
4 ipsi *TE* : *om. cett.*   5 est illa testis *TE* : illa testis est *cett.*
8 esset *om. T.*   9 nostrae causae *E*   10 recitetur *TE* :
reciteturque *cett.*   11 rei *TE* : eius *cett.*   de scripto *b²*χϚ : de-
scripta *cett.*   12 me dedebam *E* : medebam *T* : me debeam (-be-
bam *b²ψ) cett.*   13 officii tanti *TE* : tanti officii *cett.*   servitutem]
servitute me *Manutius*   astringebam *TE* : astringendam *a* : astrin-
gam *cett.*   15 videar *om. E*   16 eo] ego *Ta*   19 Cispio
TE : sciprio *cett.* (*ubique*)   obsoletae *T, Manutius* : absolutae *cett.*
sunt iam *E*   tuae de Cispio. Mihi *TE*   20 igitur *TE* : videtur *cett.*
21 cognoram *T* : cognoveram *cett.*   24 poterat haec *Schol.*   25
est *T* : *om. cett.*

qui pro uno laborarit *et* id ipsum non obtinuerit dici 'quo
usque?' inridentis magis est quam reprehendentis ; nisi forte
ego unus ita me gessi in iudiciis, ita et cum his et inter hos
vixi, is in causis patronus, is in re publica civis et sum et
5 semper fui, solus ut a te constituar qui nihil a iudicibus
debeam umquam impetrare.   Et mihi lacrimulam Cispiani 76
iudici obiectas.   Sic enim dixisti : 'vidi ego tuam lacrimulam.'
Vide quam me verbi tui paeniteat.   Non modo lacrimulam
sed multas lacrimas et fletum cum singultu videre potuisti.
10 An ego, qui meorum lacrimis me absente commotus simul-
tates, quas mecum habebat, deposuisset meaeque salutis non
modo non oppugnator, ut inimici mei putarant, sed etiam
defensor fuisset, huius in periculo non significarem dolorem
meum?   Tu autem, Laterensis, qui tum lacrimas meas gratas 77
15 esse dicebas, nunc easdem vis invidiosas videri.

Negas tribunatum Planci quicquam attulisse adiumenti 32
dignitati meae, atque hoc loco, quod verissime facere potes,
L. Racili, fortissimi et constantissimi viri, divina in me merita
commemoras.   Cui quidem ego, sicut Cn. Plancio, numquam
20 dissimulavi me plurimum debere semperque prae me feram ;
nullas enim sibi ille neque contentiones neque inimicitias
neque vitae dimicationes nec pro re publica nec pro me de-
fugiendas putavit.   Atque utinam quam ego sum in illum
gratus, tam licuisset per hominum vim et iniuriam populo
25 Romano ei gratiam referre !   Sed si non eadem contendit in
tribunatu Plancius, existimare debes non huic voluntatem
defuisse sed me, cum tantum iam Plancio deberem, Racili

1 qui quod pro *Müller* et id ipsum *Lag.* 9 : id ipsum *TE* : ipsum id
Σ*agp* : et ipsum id *cett.*   2 respondentis *T*   4 vixi in his *TEa*
7 lacrim. tuam *E*   8 me *om. TE*   tui verbi *Tc*   12–13 oppugnator
. . . non *om. T*   13 periculo] *vv.* gratum criminaris . . . gratus videri
(§ 78) *suo loco omissa hic hab. E*   signif. dol. meum *TE* : dol. meum
signif. *cett.*   19 cui] cui (qui *E*) me *TEa*   Cn. *Orelli* : in *codd.*
20 praeferam *TE*   24 populo R. *Tb¹* : p. r. *EΣ* : populi R. *cett.*
25 ei] et *TEa*   referri *codd.* : *corr. Garatoni*   27 tantum *E, Schol.* :
om. cett.   deberem marci (p. marci *T*) racilii (-li *T*) *codd.* : *corr.*
Manutius

78 beneficiis fuisse contentum. An vero putas idcirco minus
libenter iudices mea causa esse facturos quod me esse gratum
crimineris? An, cum patres conscripti illo senatus consulto
quod in monumento Mari factum est, quo mea salus omnibus
est gentibus commendata, uni Cn. Plancio gratias egerint— 5
unus enim fuit de magistratibus defensor salutis meae—cui
senatus pro me gratias agendas putavit, ei ego a me referen-
dam gratiam non putem? Atque haec cum vides, quo me
tandem in te animo putas esse, Laterensis? ullum esse tantum periculum, tantum laborem, tantam contentionem quam 10
ego non modo pro salute tua sed etiam pro dignitate defugerim? Quo quidem etiam magis sum non dicam miser—nam
hoc quidem abhorret a virtute verbum—sed certe exercitus,
non quia multis debeo—leve enim est onus benefici gratia—,
sed quia *nomina* saepe concurrunt, propter aliquorum bene 15
de me meritorum inter ipsos contentiones, ut eodem tempore
in omnis verear ne vix possim gratus videri

79   Sed ego haec meis ponderibus examinabo, non solum quid
cuique debeam sed etiam quid cuiusque intersit, et quid
33 a me cuiusque tempus poscat. Agitur studium tuum vel 20
etiam, si vis, existimatio, laus aedilitatis; at Cn. Planci
salus, patria, fortunae. Salvum tu me esse cupisti; hic
fecit etiam ut esse possem. Distineor tamen et divellor
dolore et in causa dispari offendi te a me doleo ; sed me dius
fidius multo citius meam salutem pro te abiecero quam Cn. 25
80 Planci salutem tradidero contentioni tuae. Etenim, iudices,

1 idcirco minus libenter iud. *TE* : iud. idcirco minus *cett.*   **2**
mea] *fort.* omnia mea   esse *TEc* : om. *cett.*   3 criminaris *E*
patres conscripti *TEa* : populus R. *cett.*   4 monimento *Tg*   5
Cn.] C. *T*   egerit *codd.* : *corr. Garatoni*   6 magistratibus *T*,
Naugerius (1) : aut pro magistratibus *add. cett.*   8 atqui $b^1\chi$, *p mg.*
haec cum *TE* : cum Σab^2c^1p : eum cum *cett.*   9 in te animo *TE* :
animo in te *cett.*   11 defugerim *TEa* : defugerem *cett.*   13
hoc *E, Schol.* : om. *cett.*   verbum *TE* : verbi (-is *a*) *cett.*   14 est
TE : om. *cett.*   15 nomina (noīa) *supplevi*   concurrunt *TE* :
concurrit *cett.*   propter] propriae *Keil* : *del. Garatoni*   bene
TE : om. *cett.*   18 haec ego *E*   21 laus aedilitatis *del. Müller*
23 distentor *E*   25 abiecero *E* : obiecero *cett.*

cum omnibus virtutibus me adfectum esse cupio, tum nihil
est quod malim quam me et esse gratum et videri. Haec enim
est una virtus non solum maxima sed etiam mater virtutum
omnium reliquarum.   Quid est pietas nisi voluntas grata in
5 parentes? qui sunt boni cives, qui belli, qui domi de patria
bene merentes, nisi qui patriae beneficia meminerunt? qui
sancti, qui religionum colentes, nisi qui meritam dis immortalibus gratiam iustis honoribus et memori mente persolvunt?
Quae potest esse vitae iucunditas sublatis amicitiis? quae
10 porro amicitia potest esse inter ingratos? Quis est nostrum 81
liberaliter educatus cui non educatores, cui non magistri sui
atque doctores, cui non locus ipse ille mutus ubi alitus aut
doctus est cum grata recordatione in mente versetur? Cuius
opes tantae esse possunt aut umquam fuerunt quae sine
15 multorum amicorum officiis stare possint? quae certe sublata memoria et gratia nulla exstare possunt. Equidem nihil
tam proprium hominis existimo quam non modo beneficio
sed etiam benivolentiae significatione adligari, nihil porro
tam inhumanum, tam immane, tam ferum quam committere
20 ut beneficio non dicam indignus sed victus esse videare.
Quae cum ita sint, iam succumbam, Laterensis, isti tuo 82
crimini meque in eo ipso in quo nihil potest esse nimium,
quoniam ita tu vis, nimium gratum esse concedam petamque
a vobis, iudices, ut eum beneficio complectamini quem qui
25 reprehendit in eo reprehendit quod gratum praeter modum
dicat esse.   Neque enim illud ad neglegendam meam gratiam debet valere quod dixit idem, vos nec nocentis nec
litigiosos esse, quo minus me apud vos valere oporteret.
Quasi vero in amicitia mea non haec praesidia, si quae forte

1 me virtutibus E   2 esse gratum TE: gratum esse cett.
haec enim est T: est enim haec E: haec est enim (om. enim b) cett.
9 vitae iuc. TE: iuc. vitae cett.   12 mutus ille T   ubi TE:
ubi ipse Σg: ipse ubi cett.   altus Priscian. x. 36   13 est om. E
16 nullae TE   19 ferum] ferreum b¹   22 crimini meque
(neque T) TE: ori nimioque (minime a) cett.   23 gratum del. Keil
26 illud TE: id c: om. cett.   29 si quae TE: si qua cett.

sunt in me, parata semper amicis esse maluerim quam ne-
cessaria. Etenim ego de me tantum audeo dicere, amicitiam
meam voluptati pluribus quam praesidio fuisse, meque vehementer vitae meae paeniteret, si in mea familiaritate locus
esset nemini nisi litigioso aut nocenti.   5

34 Sed haec nescio quo modo frequenter in me congessisti
 ⁸₃ saneque in eo creber fuisti, te idcirco in ludos causam
conicere noluisse ne ego mea consuetudine aliquid de tensis
misericordiae causa dicerem, quod in aliis aedilibus ante
fecissem. Non nihil egisti hoc loco; nam mihi eripuisti 10
ornamentum orationis meae. Deridebor, si mentionem
tensarum fecero, cum tu id praedixeris; sine tensis autem
quid potero dicere? Hic etiam addidisti me idcirco mea
lege exsilio ambitum sanxisse ut miserabiliores epilogos
possem dicere. Non vobis videtur cum aliquo declamatore, 15
84 non cum laboris et fori discipulo disputare? ' Rhodi enim,'
inquit, 'ego non fui'—me volt fuisse—'sed fui,' inquit—
putabam in Vaccaeis dicturum—'bis in Bithynia.' Si locus
habet reprehensionis ansam aliquam, nescio cur severiorem
Nicaeam putes quam Rhodum; si spectanda causa est, et 20
tu in Bithynia summa cum dignitate fuisti et ego Rhodi
non minore. Nam quod in eo me reprehendisti quod
nimium multos defenderem, utinam et tu, qui potes, et ceteri,
qui defugiunt, vellent me labore hoc levare! Sed fit vestra
diligentia, qui causis ponderandis omnis fere repudiatis, ut 25
ad nos pleraeque confluant, qui miseris et laborantibus negare
85 nihil possumus. Admonuisti etiam, quod in Creta fuisses,

---

6 haec *TE, Schol.* : hoc *cett.*   7 in ludos *TE* : in locos Σb¹k :
illusos *cett.*   12 tu cum id *T*   14 exilio ambitum sanxisse *Schol.* :
ex illo ambitu traxisse *codd.*   15 nonne *Hirschfelder*   videtur
TEg : videor *cett.*   16 discipulo *TE* : om. *cett.*   Rhodi] hodie *TE*
17 inquit om. b²cχψ, *ed. R*   ego *TE, Schol.* : om. *cett.*   18 Vaccaeis]
Nicaeis b²c¹   19 ansam] causam b¹k, *ed. V*   21 tu *TEaϛ* :
tum *cett.*   23 defenderem *T, Schol.* : defenderim *cett.*   25 qui
TE : qui in *cett.*   26 negare nihil *TE* : nihil negare *cett.*   27
admonefecisti *Schol.*

dictum aliquod in petitionem tuam dici potuisse; me id
perdidisse. Vter igitur nostrum est cupidior dicti? egone
qui quod dici potuit non dixerim, an tu qui etiam ipse in te
dixeris? Te aiebas de tuis rebus gestis nullas litteras
5 misisse, quod mihi meae quas ad aliquem misissem ob-
fuissent. Quas ego mihi obfuisse non intellego, rei publicae
video prodesse potuisse.

Sed sunt haec leviora, illa vero gravia atque magna, quod 85
                                                            86
meum discessum, quem saepe defleras, nunc quasi reprehendere
10 et subaccusare voluisti. Dixisti enim non auxilium mihi sed me
auxilio defuisse. Ego vero fateor me, quod viderim mihi
auxilium non deesse, idcirco illi auxilio pepercisse. Qui enim
status, quod discrimen, quae fuerit in re publica tempestas
illa quis nescit? Tribunicius me terror an consularis furor
15 movit? Decertare mihi ferro magnum fuit cum reliquiis
eorum quos ego florentis atque integros sine ferro viceram?
Consules post hominum memoriam taeterrimi atque turpis-
simi, sicut et illa principia et hi recentes rerum exitus
declararunt, quorum alter exercitum perdidit, alter vendidit,
20 empti provinciis a senatu, a re publica, a bonis omnibus
defecerant; qui exercitu, qui armis, qui opibus plurimum
poterant cum quid sentirent nesciretur, furialis illa vox
nefariis stupris, religiosis altaribus effeminata secum et illos
et consules facere acerbissime personabat; egentes in locu-
25 pletis, perditi in bonos, servi in dominos armabantur. At 87
erat mecum senatus, et quidem veste mutata, quod pro me
uno post hominum memoriam publico consilio susceptum
est. Sed recordare qui tum fuerint consulum nomine
hostes, qui soli in hac urbe senatum senatui parere non

1 aliquod *TE, Schol.* : aliquid *cett.*   petitionem tuam *TE* : petitione tum *Schol.* : petitione tua *cett.*   8 gravia *TE* : graviora *cett.*
11 me] mehercule *c²k*   12 idcirco *ed. V* : idcirco me *codd.*   20
empti *Gulielmius* : emptis *codd. (cf. Quir.* 13)   21 exercitu *TEa* :
exercitibus *cett.*   23 in religiosis *Baiter*   illos et *TE* : illos
cett.   24 personabant *TEa*   25 aderat *codd.* : *corr. Wunder (ita
mox)*   26 nomine consulum *T*

siverint edictoque suo non luctum patribus conscriptis sed
indicia luctus ademerint. At erat mecum cunctus equester
ordo; quem quidem in contionibus saltator ille Catilinae
consul proscriptionis denuntiatione terrebat. At tota Italia
convenerat; cui quidem belli intestini et vastitatis metus 5
inferebatur.

36   Hisce ego auxiliis studentibus atque incitatis uti me,
Laterensis, potuisse confiteor, sed erat non iure, non legibus,
non disceptando decertandum—nam profecto, praesertim
tam bona in causa, numquam, quo ceteri saepe abundarunt, 10
id mihi ipsi auxilium meum defuisset—armis fuit, armis,
inquam, fuit dimicandum; quibus a servis atque a servorum
ducibus caedem fieri senatus et bonorum rei publicae exitio-
88 sum fuisset. Vinci autem improbos a bonis fateor fuisse
praeclarum, si finem tum vincendi viderem, quem profecto 15
non videbam. Vbi enim mihi praesto fuissent aut tam
fortes consules quam L. Opimius, quam C. Marius, quam
L. Flaccus, quibus ducibus improbos civis res publica vicit armatis, aut, si minus fortes, at tamen tam iusti quam P. Mucius,
qui arma quae privatus P. Scipio ceperat, ea Ti. Graccho 20
interempto iure optimo sumpta esse defendit? Esset igitur
pugnandum cum consulibus. Nihil dico amplius nisi illud:
victoriae nostrae gravis adversarios paratos, interitus nullos
89 esse ultores videbam. Hisce ego auxiliis salutis meae si
idcirco defui quia nolui dimicare, fatebor id quod vis, non 25
mihi auxilium, sed me auxilio defuisse; sin autem, quo
maiora studia in me bonorum fuerunt, hoc eis magis consu-
lendum et parcendum putavi, tu id in me reprehendis quod
Q. Metello laudi datum est hodieque est et semper erit

1 sierint *TE*   suo *om. T*   2 indicia luctus *TE*: luctus indicia
(iud- *Σg*) *cett.*   3 Catilinae *del. Ernesti, tuetur Schol.*: *fort.*
catamitus (*cf. Sen.* 12 eius vir Catilina)   10 saepe *TE*: *om. cett.*
11 ipsum *Tap*   15 tum] eum *b²χϛ*   quem ... videbam *om.*
TEap¹   16 mihi praesto fuiss. *TE*: praesto fuiss. mihi *cett.*
fuisset ... fortis consul *codd.*: *corr. Garatoni*   20 ceperat *TE*:
sumpserat *cett.*   21 iure] viro *E*   24 esse ult. *TE*: ult. esse *cett.*

maximae gloriae? quem, ut potes ex multis audire qui tum
adfuerunt, constat invitissimis viris bonis cessisse, nec fuisse
dubium quin contentione et armis superior posset esse.
Ergo ille cum suum, non cum senatus factum defenderet,
5 cum perseverantiam sententiae suae, non salutem rei publicae
retinuisset, tamen ob illam *constantiam*, quod illud volunta-
rium volnus accepit, iustissimos omnium Metellorum et
clarissimos triumphos gloria et laude superavit, quod et illos
ipsos improbissimos civis interfici noluit et ne quis bonus
10 interiret in eadem caede providit; ego tantis periculis pro-
positis cum, si victus essem, interitus rei publicae, si vicissem,
infinita dimicatio pararetur, committerem ut idem perditor
rei publicae nominarer qui servator fuissem?

Mortem me timuisse dicis. Ego vero ne immortalitatem **87**
15 quidem contra rem publicam accipiendam putarem, nedum **90**
emori cum pernicie rei publicae vellem. Nam qui pro re
publica vitam ediderunt—licet me desipere dicatis—numquam me hercule eos mortem potius quam immortalitatem
adsecutos putavi. Ego vero si tum illorum impiorum ferro
20 ac manu concidissem, in perpetuum res publica civile praesidium salutis suae perdidisset. Quin etiam si me vis aliqua
morbi aut natura ipsa consumpsisset, tamen auxilia posteri-
tatis essent imminuta, quod peremptum esset mea morte id
exemplum qualis futurus in me restituendo fuisset senatus
25 populusque Romanus. An, si umquam vitae cupiditas in
me fuisset, ego mense Decembri mei consulatus omnium
parricidarum tela commossem? quae, si xx quiessem dies,
in aliorum vigiliam consulum recidissent. Quam ob rem,

1 maximae ψ5, *ed.* V : maxime *cett.*   2 constat *hoc loco hab.*
T*Ea, post* viris *cett.*   invitissimis E, *ed.* V : invictissimis *cett.*
4 non cum] non *Karsten*   6 constantiam b²ψ'', *Angelius* : causam
Klotz : om. *cett.*   quod T*E* : quo *cett.*   8 gloriam et *Garatoni* : gloriae *codd.*   9 voluit Taχbh   17 ediderunt T*Ea* :
dediderunt (dederunt 5) *cett.*   24 restituendo *Garatoni* : retinendo
codd.   25 in me *hoc loco hab.* T*E, ante* vitae *cett.*   27 com-
movissem E   viginti T*E*   quiessem dies] quidem dies essent E
28 vigiliam] iugulum ψ²h

si vitae cupiditas contra rem publicam est turpis, certe multo
mortis cupiditas mea turpior fuisset cum pernicie civitatis.

91   Nam quod te esse in re publica liberum es gloriatus, id
ego et fateor et laetor et tibi etiam in hoc gratulor ; quod
me autem negasti, in eo neque te neque quemquam diutius 5
38 patiar errare.   Nam si quis idcirco aliquid de libertate mea
deminutum putat quod non ab omnibus isdem a quibus antea
solitus sum dissentire dissentiam, primum, si bene de me
meritis gratum me praebeo, nonne desino incurrere in crimen
hominis nimium memoris nimiumque grati ? Sin autem ali- 10
quando sine ullo rei publicae detrimento respicio etiam salutem cum meam tum meorum, certe non modo non sum
reprehendendus sed etiam, si ruere vellem, boni viri me ut id
92 ne facerem rogarent.   Res vero ipsa publica, si loqui posset,
ageret mecum ut, quoniam sibi servissem semper, numquam 15
mihi, fructus autem ex sese non, ut oportuisset, laetos et
uberes, sed magna acerbitate permixtos tulissem, ut iam mihi
servirem, consulerem meis ; se non modo satis habere a me
sed etiam vereri ne parum mihi pro eo quantum a me haberet
93 reddidisset.   Quid ? si horum ego nihil cogito et idem sum 20
in re publica qui fui semper, tamenne libertatem requires
meam ? quam tu ponis in eo, si semper cum eis quibuscum
aliquando contendimus depugnemus.   Quod est longe secus.
Stare enim omnes debemus tamquam in orbe aliquo rei publicae, qui quoniam versatur, eam deligere partem ad quam 25
nos illius utilitas salusque converterit.

39   Ego autem Cn. Pompeium non dico auctorem, ducem,
defensorem salutis meae—nam haec privatim fortasse officiorum memoriam et gratiam quaerunt—sed dico hoc quod ad
salutem rei publicae pertinet : ego eum non tuear quem 30

3 te esse *TEk* : te *cχ* : esse te *cett.*   9 nonne *scripsi* : non *codd.*
desino] debeo *Lambinus* : recuso *Müller*   10 aliquando *hoc loco*
hab. *TE, post* etiam *cett.*   12 cum *T* : tum *cett.*   14 ipsa *om. T*
17 ut *om. k*   19 quantum *Orelli* : quam tum *TE* : quod tum (*om.*
tum ꝰ) *cett.*   20 quod si *Taꝰ*   25 versatur *TEa* : versetur
cett.   29 quaerunt et gratiam *T*   hoc dico *E*

omnes in re publica principem esse concedunt? Ego C.
Caesaris laudibus desim, quas primum populi Romani, nunc
etiam senatus, cui me semper addixi, plurimis atque amplissimis iudiciis videam esse celebratas? Tum hercule me
5 confitear non iudicium aliquod habuisse de utilitate rei publicae, sed hominibus amicum aut inimicum fuisse. An, cum 94
videam navem secundis ventis cursum tenentem suum, si
non eum petat portum quem ego aliquando probavi, sed alium
non minus tutum atque tranquillum, cum tempestate pugnem
10 periculose potius quam illi, salute praesertim proposita, ob-
temperem et paream? Ego vero haec didici, haec vidi, haec
scripta legi ; haec de sapientissimis et clarissimis viris et in
hac re publica et in aliis civitatibus monumenta nobis *et*
litterae prodiderunt, non semper easdem sententias ab isdem,
15 sed quascumque rei publicae status, inclinatio temporum,
ratio concordiae postularet, esse defensas. Quod ego et
facio, Laterensis, et semper faciam libertatemque quam tu
in me requiris, quam ego neque dimisi umquam neque di-
mittam, non in pertinacia, sed in quadam moderatione posi-
20 tam putabo.

Nunc venio ad illud extremum in quo dixisti, dum Planci **40**
in me meritum verbis extollerem, me arcem facere e cloaca **95**
lapidemque e sepulcro venerari pro deo ; neque enim mihi
insidiarum periculum ullum neque mortis fuisse. Cuius ego
25 temporis rationem explicabo brevi neque invitus. Nihil enim
est ex meis temporibus quod minus pervagatum, quodque
minus aut mea commemoratione celebratum sit aut hominibus auditum atque notum. Ego enim, Laterensis, ex illo
incendio legum, iuris, senatus, bonorum omnium cedens,
30 cum mea domus ardore suo deflagrationem urbi atque Italiae

3 cui a me *T*   5 util. rei p. *TE*: rei p. util. *cett.*   8 pro-
barim *E*   13 monum. *bχϛ*: monim. *cett.*   et *suppl. Madvig*
14 litterae *del. Wunder*   16 defensas *TE*: defendendas *cett.*   17
tu *TEa* : om. *cett.*   21 in quo *TEa* : quod *cett.*   dum] quod *Σ* :
cum *Beroaldus*   22 arcem] aram *Dobree* : arcum *Cobet*   e cloaca
TE : ex cloaca *cett.*   26 est ex meis *TE* : ex meis est *cett.*

toti minaretur, nisi quievissem, Siciliam petivi animo, quae
et ipsa erat mihi sicut domus una coniuncta et obtinebatur
a C. Vergilio, quocum me uno vel maxime cum vetustas tum
amicitia, cum mei fratris conlegia tum rei publicae causa
96 sociarat.   Vide nunc caliginem temporum illorum.   Cum 5
ipsa paene insula mihi sese obviam ferre vellet, praetor ille,
eiusdem tribuni pl. contionibus propter eandem rei publicae
causam saepe vexatus, nihil amplius dico nisi me in Siciliam
venire noluit.   Quid dicam?   C. Vergilio, tali civi et viro,
benivolentiam in me, memoriam communium temporum, 10
pietatem, humanitatem, fidem defuisse?   Nihil, iudices, est
eorum sed, quam tempestatem nos vobiscum non tulissemus,
metuit ut eam ipse posset opibus suis sustinere.   Tum consilio repente mutato Brundisium terra petere contendi ; nam
41 maritimos cursus praecludebat hiemis magnitudo.   Cum 15
97 omnia illa municipia quae sunt a Vibone *ad* Brundisium in
fide mea, iudices, essent, iter mihi tutum multis minitantibus
magno cum suo metu praestiterunt.   Brundisium veni vel
potius ad moenia accessi ; urbem unam mihi amicissimam
declinavi, quae se potius exscindi quam e suo complexu ut 20
eriperer facile pateretur.   In hortos me M. Laeni Flacci contuli.   Cui cum omnis metus, publicatio bonorum, exsilium,
mors proponeretur, haec perpeti, si acciderent, maluit quam
custodiam mei capitis dimittere.   Cuius ego et parentis eius,
prudentissimi atque optimi senis, et fratris et utriusque filio- 25
rum manibus in navi tuta ac fideli conlocatus, eorumque
preces et vota de meo reditu exaudiens Dyrrachium, quod

3 Verg. *TE*: Virg. *cett.*   vetustas tum *Ec²* : vetustatum
(vetusta *b¹ψ²k*) *cett.*   4 rei p. causa *TE*: res p. *cett.*   5 nunc
om. T   8 me in S. venire] *fort.* in S. venire me (*cf. Zielinski,
p.* 136)   11 humilitatem *T*   iudices *TE*: videlicet *cett.*
13 posset *TEa*: non posset *cett.*   14 mutato] iter a Vibone *add.*
codd. ego delevi (*cf. v.* 16)   16 ad *supplevi*   19 accessi *om. T*
20 potius *Halm*: vel potius *codd.* (*cf. v.* 18) : potius vel *Weiske*   24
cuius *T*: huius *cett.*   25 et fratris *TE*: *om. cett.*   26 navi *ψ¹ς*,
Priscian. vii. 68 : nave *cett.*

erat in fide mea, petere contendi. Quo cum venissem, co- 98
gnovi, id quod audieram, refertam esse Graeciam sceleratissi-
morum hominum ac nefariorum, quorum impium ferrum
ignisque pestiferos meus ille consulatus e manibus extorserat;
5 qui ante quam de meo adventu audire potuissent, cum a me
abessent aliquot dierum viam, in Macedoniam ad Plancium-
que perrexi. Hic vero simul atque mare me transisse cognovit—audi, audi atque attende, Laterensis, ut scias quid
ego Plancio debeam, confiteareque aliquando me quod faciam
10 et grate et pie facere ; huic autem, quae pro salute mea fecerit,
si minus profutura sint, obesse certe non oportere ! Nam
simul ac me Dyrrachium attigisse audivit, statim ad me
lictoribus dimissis, insignibus abiectis, veste mutata profectus est. O acerbam mihi, iudices, memoriam temporis 99
15 illius et loci, cum hic in me incidit, cum complexus est con-
spersitque lacrimis nec loqui prae maerore potuit ! O rem
cum auditu crudelem tum visu nefariam ! o reliquos omnis
dies noctesque eas quibus iste a me non recedens Thessa-
lonicam me in quaestoriumque perduxit ! Hic ego nunc de
20 praetore Macedoniae nihil dicam amplius nisi eum et civem
optimum semper et mihi amicum fuisse, sed eadem timuisse
quae ceteros ; Cn. Plancium fuisse unum, non qui minus
timeret sed, si acciderent ea quae timerentur, mecum ea
subire et perpeti vellet. Qui, cum ad me L. Tubero, meus 100
25 necessarius, qui fratri meo legatus fuisset, decedens ex Asia
venisset easque insidias quas mihi paratas ab exsulibus coniuratis audierat ad me animo amicissimo detulisset, in Asiam
me ire propter eius provinciae mecum et cum meo fratre
necessitudinem comparantem non est passus; vi me, vi, in-

5 a me *scripsi*: tamen *TE* : tum (tunc *cψ*) *cett.*   6 aliquot *TEa* :
aliquorum *cett.*   7 mare me *Ec* : mare *Ta* : me mare *cett.*   10
autem *E*: om *cett.*   11 sunt *E*   15 in *om. Ta*   cum *om. T*
22 quae *om. Ta*   23 timere *T*   sed qui si *Vrsinus*   24 velle
TEa   27 ad me *TE* : om. *cett.*   28 mecum *ed. V*: metum
codd.   29 vi me, vi, inquam (vinquam *p*) *p, Orelli* : vi inquam *T* :
vi me, vi me inquam *b²ψϛ* : vi me *cett.*

quam, Plancius et complexu suo retinuit multosque mensis
a capite meo non discessit, abiecta quaestoria persona comitis-
que sumpta.

42
101   O excubias tuas, Cn. Planci, miseras, o flebilis vigilias, o
noctes acerbas, o custodiam etiam mei capitis infelicem ! si 5
quidem ego tibi vivus non prosum, qui fortasse mortuus
profuissem.   Memini enim, memini neque umquam obli-
viscar noctis illius cum tibi vigilanti, adsidenti, maerenti vana
quaedam miser atque inania falsa spe inductus pollicebar,
me, si essem in patriam restitutus, praesentem tibi gratias 10
relaturum ; sin aut vitam mihi fors ademisset aut vis aliqua
maior reditum peremisset, hos, hos—quos enim ego tum
alios animo intuebar ?—omnia tibi illorum laborum praemia
pro me persoluturos.   Quid me aspectas, quid mea promissa
repetis, quid meam fidem imploras ?   Nihil tibi ego tum de 15
meis opibus pollicebar, sed de horum erga me benivolentia
promittebam ; hos pro me lugere, hos gemere, hos decertare
pro meo capite vel vitae periculo velle videbam ; de horum
desiderio, luctu, querelis cotidie aliquid tecum simul audie-
bam ; nunc timeo ne tibi nihil praeter lacrimas queam red- 20
102 dere, quas tu in meis acerbitatibus plurimas effudisti.   Quid
enim possum aliud nisi maerere, nisi flere, nisi te cum mea
salute complecti ?   Salutem tibi idem dare possunt qui mihi
reddiderunt.   Te tamen—exsurge, quaeso !—retinebo et
complectar, nec me solum deprecatorem fortunarum tuarum 25
sed comitem sociumque profitebor ; atque, ut spero, nemo
erit tam crudeli animo tamque inhumano nec tam immemor
non dicam meorum in bonos meritorum, sed bonorum in
me, qui a me mei servatorem capitis divellat ac distrahat.

   2 discessisset *T*   10 gratias *TEa* : gratiam *cett.*   11 sin aut
TEa : sin autem *cett.*   fors *TEa* : sors *cett.*   14 pro] per *T*   16
de horum *E* : eorum *cett.*   benivolentia *TE* : benivolentiam
cett.   18 horum *TE* : eorum *cett.*   20 tibi nihil *TE* : nihil
tibi *cett.*   24 te *TE* : nec Σagρ : huc (nunc *c²*) *cett.*   tamen]
tandem *b²ψ²*   28 non dicam meorum *TE* : meorum non dicam *cett.*
29 mei *om. T*

Non ego meis ornatum beneficiis a vobis deprecor, iudices,
sed custodem salutis meae, non opibus contendo, non
auctoritate, non gratia, sed precibus, sed lacrimis, sed
misericordia, mecumque vos simul hic miserrimus et
5 optimus obtestatur parens, et pro uno filio duo patres
deprecamur. Nolite, iudices, per vos, per fortunas, per 103
liberos vestros inimicis meis, eis praesertim quos ego pro
vestra salute suscepi, dare laetitiam gloriantibus vos iam
oblitos mei salutis eius a quo mea salus conservata est hostis
10 exstitisse ; nolite animum meum debilitare cum luctu tum
etiam metu commutatae vestrae voluntatis erga me ; sinite
me, quod vobis fretus huic saepe promisi, id a vobis ei per-
solvere. Teque, C. Flave, oro et obtestor, qui meorum 104
consiliorum in consulatu socius, periculorum particeps,
15 rerum quas gessi adiutor fuisti, meque non modo salvum
semper sed etiam ornatum florentemque esse voluisti, ut
mihi per hos conserves eum per quem me tibi et his conservatum vides. Plura ne dicam tuae me etiam lacrimae
impediunt vestraeque, iudices, non solum meae, quibus ego
20 magno in metu meo subito inducor in spem, vos eosdem in
hoc conservando futuros qui fueritis in me, quoniam istis
vestris lacrimis de illis recordor quas pro me saepe et
multum profudistis.

4 hic *TE, Schol.* : *om. cett.*   5 duos *Ta*   6 deprecamur patres
T   vos per] vos *Garatoni*   fortunas *TE* : fortunas vestras
cett.   7 vestros *TE* : *om. cett.*   iis *T, Angelius* : his *codd.*   10
cum] tum *Ebcχ*   13 Flavi *codd.* : *corr. Garatoni*   23 prodistis *T*

M. TVLLI CICERONIS
PRO M. SCAVRO ORATIO

SIGLA

PRO SCAVRO

A = Palimpsestus Ambrosianus (*continens* fragmenta *m*
et *n* : §§ 8–25 te dixi . . . atque iniurias : §§ 29–45 -litu Aetnam
. . . Scipionum int-)

T = Palimpsestus Taurinensis (*continens* §§ 2–7 -tis suae
. . . etiam facilius : §§ 18–28 quoniam habet . . . odium populi :
§§ 31–36 aut eius qui has . . . detraxerint : §§ 46–50 -tuisse
templo . . . igitur te modo)

IN ASCONIO

S = cod. Pistoriensis, Forteguerri 37, a Sozomeno scriptus
P = cod. Matritensis x. 81 a Poggio scriptus
M = cod. Laur. liv. 5 ex apographo Bartolomaei de
      Montepolitiano descriptus
Σ = codd. *SPM*
π = correctiones in *P* m. 2 vel 3 factae
ς = coniecturae in libris recentioribus inventae
KS = Kiessling-Schoell

Paginas et versus secundum editionem meam dedi

H = Rhetores Latini, *ed. Halm*
K = Grammatici Latini, *ed. Keil*

ASCONI

ARGVMENTVM IN SCAVRIANAM

HANC quoque orationem eisdem consulibus dixit quibus pro
Vatinio, L. Domitio Ahenobarbo et Appio Claudio Pulchro
coss. Summus iudicii dies fuit a. *d.* IIII Nonas Septemb.

ARGVMENTVM HOC EST

5   M. Scaurus M. Scauri filius qui princeps senatus fuit vitricum
habuit Sullam : quo victore et munifico in socios victoriae ita
abstinens fuit ut nihil neque donari sibi voluerit neque ab hasta
emerit. Aedilitatem summa magnificentia gessit, adeo ut in
eius impensas opes suas absumpserit magnumque aes alienum
10 contraxerit. Ex praetura provinciam Sardiniam obtinuit, in
qua neque satis abstinenter se gessisse existimatus est et valde
arroganter : quod genus morum in eo paternum videbatur, cum
cetera industria nequaquam esset par. Erat tamen aliquando
inter patronos causarum et, postquam ex provincia redierat,
15 dixerat pro C. Catone, isque erat absolutus a. d. IIII Nonas
Quint. Ipse cum ad consulatus petitionem a. d. III Kal. Quint.
Romam redisset, querentibus de eo Sardis, a P. Valerio Triario,
adulescente parato ad dicendum et notae industriae—filio eius 19
qui in Sardinia contra M. Lepidum arma tulerat et post in
20 Asia legatus Pontoque L. Luculli fuerat, cum is bellum contra

Tit. Q. ASCONI PEDIANI IN L. PISONEM. PRO (Q. PRO *S*) SCAVRO
SP : *om. M*   2 batinio *S*   et *del. KS* (*cf.* 7. 22, 72. 6)   3 a. d.
Beier : a Σ : ad *ed. Ald.*   5 uictricum Σ, *corr. Manutius*   6 syllam
Σ, *ita semper*   14 et *Madvig* : sed Σ : scilicet *Baiter*   15 co
catone isque *S* : eo catone cisque *P*[1], *corr. Poggius, M*   ad IIII
(III *P*) Σ, *corr. Beier* (*ita mox*)   16 ipse *SP*[1] : inde *Poggius* : inde
ipse *M*   17 Triario *om. S*   20 Pontoque legatus *Luterbacher*

Mithridatem gereret—postulatus *est* apud M. Catonem praetorem repetundarum, ut in Actis scriptum est, pridie Nonas
Quintil. post diem tertium quam *C*. Cato erat absolutus. Sub-
scripserunt Triario in Scaurum L. Marius L. f., *M*. et Q. Pacuvii
fratres cognomine Claudi. Qui inquisitionis in Sardiniam item- 5
que in Corsicam insulas dies tricenos acceperunt neque profecti
sunt ad inquirendum : cuius rei hanc causam reddebant, quod
interea comitia consularia futura essent ; timere ergo se ne
Scaurus ea pecunia quam a sociis abstulisset emeret consulatum
et, sicut pater eius fecisset, ante quam de eo iudicari posset, 10
magistratum iniret ac rursus ante alias provincias spoliaret
quam rationem prioris administrationis redderet. Scaurus
summam fiduciam in paterni nominis dignitate, magnam in
necessitudine Cn. Pompeii Magni reponebat. Habebat enim
filium liberorum Cn. Pompeii fratrem : nam Tertiam, Scaevolae 15
filiam, dimissam a Pompeio in matrimonium duxerat. M. Catonem autem qui id iudicium, ut diximus, exercebat metuebat
admodum propter amicitiam quae erat illi cum Triario : nam
Flaminia, Triarii mater, et ipse Triarius sororem Catonis Ser-
viliam, quae mater M. Bruti fuit, familiariter diligebat ; ea 20
porro apud Catonem maternam obtinebat auctoritatem. Sed
in eo iudicio neque Pompeius propensum adiutorium praebuit—
20 videbatur enim apud animum eius non minus offensionis con-
traxisse, quod iudicium eius in Muciam crimine impudicitiae
ab eo dimissam levius fecisse existimaretur, cum eam ipse 25
probasset, quam gratiae adquisisse necessitudinis iure, quod
ex eadem uterque liberos haberet—neque Cato ab aequitate
ea quae et vitam eius et magistratum illum decebat quoquam

1 est *add. Bailer*   2 non. quint. *P* : nonis quintio *SM*
3 C. *add. Heinrich*   4 in] m *S*   Q. Marius Σ, *corr. Lodoicus*
M. *add. Manutius*   pacuii *S* : pacuijii *P* : pacuii *M*   5 Claudii Σ,
corr. Manutius : Caldi *Pighius (cf. C. I. R.* 2451)   inquisitiones
SM : inquisitionem *P, corr. KS*   6 corsicas *S*   7 quod *P* :
quoad *SM*   8 essent *S* : erant *PM*   9 ab sociis *P*   consulatum *P* : consulatus *SM*   11 iniret *P* : inire *M* : in re *S*
ante] in *S*   spoliare *S*   14 necessitudine (-ē) *SM* : om. *P*
16 filium Σ, *corr. ⌠, ed. Ven.*   19 Triarii] Triaria Σ, *corr. ⌠, ed.*
Iunt.   20 diligebant *KS*   21 mater nam *SP*¹, *corr. Poggius, M*
22 in eo *π* : in et *SP*¹ : in *M* : ei in *KS*   23 contradixisse *S*   28
ea quam Σ, *corr. Beraldus*

ARGVMENTVM IN SCAVRIANAM

deflexit. Post diem autem quartum quam postulatus erat
Scaurus Faustus Sulla tum quaestor, filius Sullae Felicis, frater
ex eadem matre Scauri servis eius vulneratis prosiluit ex lectica
et questus est prope interemptum esse *se a* competitoribus
5 Scauri et ambulare cum CCC armatis seque, si necesse esset,
vim vi repulsurum.

Defenderunt Scaurum sex patroni, cum ad id tempus raro
quisquam pluribus quam quattuor uteretur: at post bella civilia
ante legem Iuliam ad duodenos patronos est perventum.
10 Fuerunt autem hi sex: P. Clodius Pulcher, M. Marcellus,
M. Calidius, M. Cicero, M. Messala Niger, Q. Hortensius.
Ipse quoque Scaurus dixit pro se ac magnopere iudices movit
et squalore et lacrimis et aedilitatis effusae memoria ac favore
populari ac praecipue paternae auctoritatis recordatione.

1 quartum *ed. Iunt.*: IIII Σ: quartam *ed. Ven.*   3 servus eius
vulneratus Σ, *corr. Heinrich*: cum servus eius esset vulneratus *Halm*
lecticiis Σ, *corr. Heinrich*: lecticariis *Rau*   4 pro interempto
esse Σ, *corr. Lodoicus*   5 necesset uiuum S   7 defenderent S
8 ac Σ, *corr Hotoman*   9 ad π: ante Σ   10 sex P: et S:
se et M, *del. Manutius*   12 magnopere iudices P: magno per
iudices S: magnopere i . . . M   13 effusa Σ, *corr. Heinrich*

M. TVLLI CICERONIS
PRO M. SCAVRO ORATIO

(*a*) MAXIME fuit optandum M. Scauro, iudices, ut nullo suscepto cuiusquam odio sine offensione ac molestia retineret, id quod praecipue semper studuit, generis, familiae, nominis dignitatem. *Augustinus de Rhet.* (*H. p.* 150. 15); *Arusianus* (*K.* vii. *p.* 508. 6). 5

(*b*) *Si partem honestatis, partem turpitudinis habebit, partibus benivolentiae defensor utitur et ab eo quod honestum in causa putat, incipit; quod facit in Scauriana. Quoniam partem honestatis habebat persona Scauri vel generis amplitudo, partem turpitudinis raptae pecuniae crimen, quid facit Tullius?* 10 *A laude virtutis ipsius incipit vel commemoratione maiorum ut, dum honestatem, quam causa praestabat personae, commemorat, turpitudinem, quam crimen afferebat, avertat.* *Grillius* (*H. p.* 603. 28).

(*c*)   CIRCA VER. A PRIM. XXXX   15

Subiit etiam populi iudicium inquirente Cn. Domitio tribuno plebis. *Asconius, p.* 21. 1.

(*d*)   IBIDEM

Reus est factus a Q. Servilio Caepione lege Servilia, cum iudicia penes equestrem ordinem essent et P. Rutilio 20 damnato nemo tam innocens videretur ut non timeret illa. *Asconius, p.* 21. 4.

1–4 maxime ... retineret *August.* : id quod ... dignitatem *Arusian.* : *conexuit Beier*   16 subit Σ : *corr. Mai*   anquirente *Mommsen*   21 timeret *P* : timere *SM*

PRO M. SCAVRO ORATIO

(*e*)   IBIDEM

Ab eodem etiam lege Varia custos ille rei publicae
proditionis est in crimen vocatus ; vexatus a Q. Vario tribuno plebis est. *Asconius, p.* 22. 1.

(*f*) Non enim tantum admiratus sum ego illum virum,
sicut omnes, sed etiam praecipue dilexi. Primus enim me
flagrantem studio laudis in spem impulit posse virtute me
sine praesidio fortunae, quo contendissem, labore et constantia pervenire. *Asconius, p.* 22. 22.

(*g*) Et quoniam congesta fuit accusatio magis acervo quodam criminum, non distinctione aliqua generum et varietate.
Severianus (*H. p.* 357. 11).

(*h*) Bostarem igitur quendam dixit Norensem fugientem
e Sardinia Scauri adventum *et infra addit etiam augendi*
criminis causa prius illum sepultum quam huic cenam esse
sublatam. *Severianus* (*H. p.* 360. 12).

(*i*) Si denique in illa bona invadere nullo modo potuisset
nisi mortuo Bostare. *Arusianus* (*K.* vii. *p.* 488. 19).

(*k*) Si me hercule, iudices, pro L. Tubulo dicerem, quem
unum ex omni memoria sceleratissimum et audacissimum
fuisse accepimus, tamen non timerem, venenum hospiti aut
convivae si diceretur cenanti ab illo datum cui neque heres
neque iratus fuisset. *Asconius, p.* 23. 9.

(*l*) *In Scauriana interposita disputatione tractatur ex quibus causis mors obveniat repentina. Martianus Cap.* (*H.
p.* 452. 27).

(*m*) Bona quam quod habebat *v*eniret. Agedum ego defendi Scau*r*um, Triari ; defende tu matrem. *Cod. Ambrosianus.*

(*n*) Te *m*etue*r*e *n*e non solvendo fuisse, bona denique

2 castos Σ : *corr.* ϛ   r†ip. Σ : *corr. ed. Iunt.*   7 intulit *S*
virtutem sine Σ : *corr. Mommsen*   8 contendisset *Manutius*   20
ex *Lodoicus* : et Σ   et audacissimum *om. S*   27 .... quam
A : *suppl. Beier*   veniret *Mai* : .. niret *A*   30 te . e†ue . e . non
A : *suppl. Beier*

reus ne *retinere voluisse quae* proscripta essen*t*, nis*i.*   *Cod.*
Ambrosianus.

(*o*) Cum dare nollet Aris, clam ex Sardinia est fugere
conatus.   *Priscian.* vi. 28.

(*p*) Redimunt (*castores*) se ea parte corporis, propter 5
quam maxime expetuntur.   *Servius ad Georg.* i. 58 ; *Isidorus,*
Origines, xii. 2. 21.

1   (*q*) Sic, inquam, se, iudices, res habet ;   neque hoc a me
novum disputatur, sed quaesitum ab aliis est.   *Asconius,*
p. 24. 15.   10

(*r*)   CIRCA TERTIAM PARTEM A PRIMO

Illa audivimus, hoc vero meminimus ac paene vidimus,
eiusdem stirpis et nominis P. Crassum ne in manus incideret
inimicorum, se ipsum interemisse.   *Asconius, p.* 23. 18

(*s*)   STATIM   15

2   Ac neque illius Crassi factum superioris isdem honoribus
usus, qui fortissimus in bellis fuisset, M'. Aquilius potuit
imitari . . .   *Asconius, p.* 24. 1.

Cd T -tis suae rerumque gestarum senectutis dedecore foedavit.
incipit Quid vero ? alterum Crassum temporibus isdem num aut 20
clarissimi viri Iulii aut summo imperio praeditus M. An-
3 tonius potuit imitari ?   Quid ? in omnibus monumentis
Graeciae, quae sunt verbis ornatiora quam rebus, quis invenitur, cum ab Aiace fabulisque discesseris, qui tamen ipse
Ignominiae dolore, ut ait poeta, victor insolens se 25
victum non potuit pati,
praeter Atheniensem Themistoclem, qui se ipse morte mul-

1 reus... nisi] *suppl. Beier*   12 illa *suppl. Manutius*   audivimus *S* : audimus *PM*   16 factum neque super. Σ : *corr. Poggius*
17 M'. *Manutius* : M. Σ   20 tis suae *T* : sed memoriam iuventu-
post imitari *suppl. Beier*   20-22 Quid vero ! . . . potuit imitari *hab.*
Asconius (*p.* 24. 21)   20 num *T* : nam Σ   21 imperio *T* :
ingenio *Asconius*

tavit? At Graeculi quidem multa fingunt, apud quos etiam **4**
Cleombrotum Ambraciotam ferunt se ex altissimo praecipi-
tasse muro, non quo acerbitatis accepisset aliquid, sed, ut
video scriptum apud Graecos, cum summi philosophi Plato-
5 nis graviter et ornate scriptum librum de morte legisset, in
quo, ut opinor, Socrates illo ipso die quo erat ei moriendum
permulta disputat, hanc esse mortem quam nos vitam
putaremus, cum corpore animus tamquam carcere saeptus
teneretur, vitam autem esse eam cum idem animus vinclis
10 corporis liberatus in eum se locum unde esset ortus rettulisset. Num igitur ista tua Sarda Pythagoram aut Platonem **5**
norat aut legerat? qui tamen ipsi mortem ita laudant ut
fugere vitam vetent atque id contra foedus fieri dicant
legemque naturae. Aliam quidem causam mortis volun-
15 tariae nullam profecto iustam reperietis. Atque hoc ille
vidit; nam iecit quodam loco vita illam mulierem spoliari
quam pudicitia maluisse. Sed refugit statim nec de pudi- **6**
citia plura dixi veritus, credo, ne quem inridendi nobis
daret et iocandi locum. Constat enim illam cum deformi-
20 tate summa fuisse, tum etiam senectute. Qua re quae
potest, quamvis salsa ista Sarda fuerit, ulla libidinis aut
amoris esse suspicio?

Ac ne existimes, Triari, quod adferam, in dicendo me **7**
fingere ipsum et non a reo causam cognoscere, explicabo
25 tibi quae fuerint opiniones in Sardinia de istius mulieris
morte—nam fuerunt duae—quo etiam facilius ...   *Cod. T*
... te dixi, libidinosam atque improbam matrem infami ac *deficit* **8**
noto adulterio iam diu diligebat. Is cum hanc suam uxorem *Cod. A*
anum et locupletem et molestam timeret, neque eam habere *incipit*
30 in matrimonio propter foeditatem neque dimittere propter

---

2 Theombrotum Ambrociotam *T*: *corr. Peyron*   3 quo *T*:
quod *Peyron*   8 corpori *T*: *corr. Beier*   16 iecit *Beier*:
legit *T*   19 cum *sup. lin. hab. T*

dotem volebat. Itaque compecto cum matre Bostaris consilium cepit ut uterque Romam veniret ; ibi se aliquam rationem inventurum quem ad modum illam uxorem duceret
co*nfir*mavit.

9   Hic opinio fuit, ut dixi, duplex, una non abhorrens a statu 5
naturaque rerum, Arinis uxorem paelicatus dolore concita-
tam, cum audisset Arinem cum illa sua metus et fugae simulatione Romam se contulisse, ut, cum antea consuetudo
inter eos fuisset, tum etiam nuptiis iungerentur, arsisse do-
10 lore muliebri et mori quam id perpeti maluisse. Altera non 10
minus veri similis et, ut opinor, in Sardinia magis etiam
credita, Arinem istum testem atque hospitem, Triari, tuum
proficiscentem Romam negotium dedisse liberto ut illi ani-
culae non ille quidem vim adferret—neque enim erat re-
ctum patronae — sed collum digitulis duobus oblideret, resti- 15
11 cula cingeret, ut illa perisse suspendio putaretur. Quae
quidem suspicio valuit etiam plus ob hanc causam quod,
cum agerent parentalia Norenses omnesque suo more ex
oppido exissent, tum illa est a liberto suspendisse se dicta.
Discessus autem solitudo ei qui patronam suffocabat fuit 20
12 quaerenda, illi quae volebat mori non fuit. Confirmata
vero suspicio est, quod anu mortua libertus statim tamquam
opere confecto Romam est profectus, Aris autem, simul ac
libertus de morte uxoris nuntiavit, continuo Romae matrem
illam Bostaris duxit uxorem.   25
13   En quibus familiis quam foedis, quam contaminatis, quam
turpibus datis hanc familiam, iudices. En quibus testibus
commoti, de quo homine, de quo genere, de quo nomine
sententias feratis, obliviscendum vobis putatis? Matrum in

4 co.... mavit *A* : *suppl. Peyron*   5 statunatunaturaquae *A* :
corr. Peyron   7 sua] sua amica *Müller* (*sed cf. Phil.* ii. 69)   18
omnesqui *A* : *corr. Heinrich*   26 en *Schütz* : em (*ita mox*) *A* :
hem *Mai*   27 dedatis *Heinrich*   28 commoti. De quo
Müller   de quo homine *del. Francken*   nomine] homine
Francken   29 feratis, obliv. *Francken* : feratis. Obliv. *priores*

liberos, virorum in uxores scelera cernitis, crudelitate mixtas
libidines videtis immanis ; duorum maximorum criminum
auctores, quibus criminibus haec tota apud ignaros aut invidos infamata causa est, omni facinore et flagitio deformatos
5 habetis.

Num igitur in his criminibus, iudices, residet etiam aliqua 14
suspicio? non perpurgata sunt, non refutata, non fracta?
Qui igitur id factum est? Quia dedisti mihi, Triari, quod
diluerem, in quo argumentarer, de quo disputarem ; quia
10 genus eius modi fuit criminum quod non totum penderet
ex teste, sed quod ponderaret iudex ipse per sese. Neque 15
vero, iudices, quicquam aliud in ignoto teste facere debemus
nisi ut argumento, coniectura, suspicione rerum ipsarum
vim naturamque quaeramus. Etenim testis non modo Afer
15 aut Sardus sane, si ita se isti malunt nominari, sed quivis
etiam elegantior ac religiosior impelli, deterreri, fingi, flecti
potest ; dominus est ipse voluntatis suae, in quo est im-
punita men*tien*di licen*t*ia. Argumentum vero, quod quidem 16
est proprium rei—neque enim ullum aliud argumentum
20 vere vocari potest—rerum vox est, naturae vestigium, veritatis nota ; id qualecumque est, maneat immutabile necesse
est ; non enim fingitur ab oratore, sed sumitur. Qua re,
in eo genere accusationis si vincerer, succumberem et
cederem ; ~~vincerer~~ enim re, vincerer causa, vincerer veri-
25 tate. Agmen tu mihi inducas Sardorum et catervas et me 17
non criminibus urgere, sed Afrorum fremitu terrere conere?
Non potero equidem disputare, sed ad horum fidem et man-
suetudinem con*fug*ere, *a*d ius iu*randum iudicum,* ad populi
Romani *aeq*uitatem, qui hanc familiam in hac urbe principem

4 famata *A* : corr. *Schütz*   6 residet iam *Mai*: resitetiam *A* :
residet etiam *Heinrich*   11 sese *scripsi* (*clausulae gratia*) : se *A*
18 men ... di licen . i . *A* : *suppl. Heinrich*   quod quidem est
Heinrich : quoquedeest *A*   *2*0 rerum] quod rerum *Kayser*   24
enim *Madvig* : omni *A*   28 con . . . re . dus . u . . . .
PR . . . uitatem *A* (*Peyron*) : *suppl. Beier*

voluit esse, deorum immortalium numen implorare potero,
qui semper exstiterunt huic generi nominique fautores.

Cod. 18
T in-
cipit
'Poposcit, imperavit, eripuit, coegit.' Si doces tabulis,
quoniam habet seriem quandam et ordinem contracti negoti
confectio ipsa tabularum, attendam acriter et quid in de- 5
fendendo mihi agendum sit videbo. Si denique nitere testibus non dico bonis viris ac probatis, noti sint modo, quem
ad modum mihi cum quoque sit confligendum considerabo.

19 Sin unus color, una vox, una natio est omnium testium, si,
quod ei dicunt, non modo nullis argumentis sed ne litte- 10
rarum quidem aliquo genere aut publicarum aut privatarum,
quod tamen ipsum fingi potest, confirmare conantur, quo
me vertam, iudices, aut quid agam? Cum singulis disputem? quid? Non habuisti quod dares. Habuisse se
dicet. Quis id sciet, quis iudicabit? Non fuisse causam. 15
Finget fuisse. Qui refellemus? Potuisse non dare, si
noluisset. Vi ereptum esse dicet. Quae potest eloquentia
20 disputando ignoti hominis impudentiam confutare? Non
agam igitur cum ista Sardorum conspiratione et cum ex-
presso, coacto sollicitatoque periurio subtiliter neque acu 20
quaedam enucleata argumenta conquiram, sed contra impetum istorum impetu ego nostro concurram atque con-
fligam. Non est unus mihi quisque ex illorum acie protra-
hendus neque cum singulis decertandum atque pugnandum;
tota est acies illa uno impetu prosternenda.   25

21   Est enim unum maximum totius Sardiniae frumentarium
crimen, de quo Triarius omnis Sardos interrogavit, quod
genus uno testimoni foedere et consensu omnium est confir-
matum. Quod ego crimen ante quam attingo, peto a vobis,

3 docet A : *corr. nescio quis apud Orelli*   6 nitere testibus T :
......usn...re A   8 sit conflig. T : conflig. sit A   14 *sqq.*
interpunxit Francken   15 scit *Beier*   iudicabit T : id iudicavit A :
indicavit *Beier*   16 si T : se A   20 neque T : nec A
acuta quaedam et *Kreyssig* (*cf. de Orat.* iii. 32)   22 istorum T :
istum illorum A   23 unus mihi quisque T : unus quisque mihi A
28 uno A : unum T

iudices, ut me totius nostrae defensionis quasi quaedam
fundamenta iacere patiamini. Quae si erunt, ut mea ratio
et cogitatio fert, posita et constituta, nullam accusationis
partem pertimescam. Dicam enim primum de ipso genere 22
5 accusationis, postea de Sardis, tum etiam pauca de Scauro;
quibus rebus explicatis tum denique ad hoc horribile et
formidolosum frumentarium crimen accedam.

Quod est igitur hoc accusationis, Triari, genus, pri- 23
mum ut inquisitum non ieris? quae fuit ista tam ferox,
10 tam explorata huius opprimendi fiducia? Pueris nobis
audisse videor L. Aelium, libertinum hominem litteratum
ac facetum, cum ulcisceretur patroni iniurias, nomen Q.
Muttonis, hominis sordidissimi, detulisse. A quo cum
quaereretur quam provinciam aut quam diem testium
15 postularet, horam sibi octavam, dum in foro bovario in-
quireret, postulavit. Hoc tu idem tibi in M. Aemilio 24
Scauro putasti esse faciendum? 'Delata enim,' inquit,
'causa ad me Romam est.' Quid? ad me Siculi nonne
Romam causam Siciliae detulerunt? At qui homines!
20 Prudentes natura, callidi usu, doctrina eruditi. Tamen ego
mihi provinciae causam in provincia ipsa cognoscendam et
discendam putavi. An ego querelas atque iniurias aratorum 25 Cod.
non in segetibus ipsis arvisque cognoscerem? Peragravi, A deficit
inquam, Triari, durissima quidem hieme vallis Agrigenti-
25 norum atque collis. Campus ille nobilissimus ac feracis-
simus ipse me causam paene docuit Leontinus. Adii casas
aratorum, a stiva ipsa homines mecum conloquebantur.
Itaque sic fuit illa expressa causa non ut audire ea quae 26

2 fund. iacere T: iacere fund. A   7 formidulosum AT   11
Laelium T: Vaelium A: corr. Peyron   12 ac facetum om. A
Q. A: TITIQ. T: T. Quincti Franchen   14 quaereretur T: quae-
retur A   18 ad me A: om. T   Romae AT: corr. Franchen
19 Romam T: Roma A   at qui Madvig: atqui priores   21
provinciam ipsam AT: corr. Mai   et discendam T: om. A   22
querellas AT (ita ubique)

dicebam, iudices, sed ut cernere et paene tangere viderentur.
Neque enim mihi probabile neque verum videbatur me,
cum fidelissimae atque antiquissimae provinciae patrocinium
recepissem, causam tamquam unius clientis in cubiculo meo
discere.   5

27   Ego nuper, cum Reatini, qui essent in fide mea, me suam
publicam causam de Velini fluminibus et cuniculis apud hos
consules agere voluissent, non existimavi me neque dignitati praefecturae gravissimae neque fidei meae satis esse
facturum, nisi me causam illam non solum homines sed 10
28 etiam locus ipse lacusque docuisset.   Neque tu aliter fecisses, Triari, si te id tui isti Sardi facere voluissent, hi qui
te in Sardiniam minime venire voluerunt, ne longe aliter
omnia atque erant ad te delata cognosceres, nullam multi-
Cod. T tudinis in Sardinia querelam, nullum in Scaurum odium 15
deficit populi . . . .

Cod. 29   *anhe*litu Aetnam ardere dicunt, sic Verrem obruissem
A in-   Sicilia teste tota.   Tu vero comperendinasti uno teste pro-
cipit ducto.   At quo teste, di immortales !   Non satis quod
uno, non quod ignoto, non quod levi ; etiamne Valerio 20
teste primam actionem confecisti, qui patris tui beneficio
civitate donatus gratiam tibi non inlustribus officiis, sed
30 manifesto periurio rettulit ?   Quod si te omen nominis
vestri forte duxit, nos tamen id more maiorum, quia faustum
putamus, non ad perniciem, verum ad salutem interpretamur. 25
Sed omnis ista celeritas ac festinatio, quod inquisitionem,
quod priorem actionem totam sustulisti, illud patefecit et in-
lustravit quod occultum tamen non erat, non esse hoc iudicium
iudici, sed comitiorum consularium causa comparatum.

31   Hic ego Appium Claudium, consulem fortissimum atque 30

7 cunculis *T* : *corr. Peyron*   15 Scauro *T* : *corr. Orelli*   17 litu
A : *suppl. Beier*   obruissem *Heinrich* : operuissem *A*   18 tu
vero comp. uno *Beier* : tuo comp. um *A*   25 perniciem valere
verum *Beier*

PRO M. SCAVRO ORATIO

ornatissimum virum mecumque, ut spero, fideli in gratiam
reditu firmoque coniunctum, nullo loco, iudices, vituperabo.
Fuerint enim eae partes aut eius quem id facere dolor et
suspicio sua coegit, aut eius qui has sibi partis depoposcit,
5 quod aut non animadvertebat quem violaret, aut facilem *Cod. T incipit*
sibi fore in gratiam reditum arbitrabatur ; ego tantum dicam 32
quod et causae satis et in illum minime durum aut asperum
possit esse. Quid enim habet turpitudinis Appium Claudium
M. Scauro esse inimicum ? Quid ? avus eius P. Africano
10 non fuit, quid ? mihi ipsi idem iste, quid ? ego illi ? Quae
inimicitiae dolorem utrique nostrum fortasse aliquando, dedecus vero certe numquam attulerunt. Successori decessor 33
invidit, voluit eum quam maxime offensum quo magis ipsius
memoria excelleret ; res non modo non abhorrens a con-
15 suetudine sed usitata etiam et valde pervagata. Neque vero
tam haec ipsa cotidiana res Appium Claudium illa humanitate et sapientia praeditum per se ipsa movisset, nisi hunc
C. Claudi, fratris sui, competitorem fore putasset. Qui sive 34
patricius sive plebeius esset—nondum enim certum consti-
20 tuerat—cum hoc sibi contentionem fore putabat, Appius
autem hoc maiorem etiam quod illum in pontificatus petitione, in saliatu, in ceteris meminerat fuisse patricium.
Quam ob rem se consule neque repelli fratrem volebat
neque, iste si patricius esset, parem Scauro fore videbat, nisi
25 hunc aliquo aut metu aut infamia perculisset. Ego id fratri 35
in honore fratris amplissimo non concedendum putem,
praesertim qui quid amor fraternus valeat paene praeter

3 fuerant *A* : *corr. Francken*   dolor et *Mai* : doleret *A*   5
non *A* : *om.* *T*   6 in gratiam red. *A* : red. in gratia *T*   9
avos *AT*   eius *T* : *om. A*   12 successum *A*   13 voluit *T* :
et voluit *A*   14 memoria excelleret *T* : memoriam lacesseret
A   15 etiam et valde pervagata *T* : etiam num et vulgata *A*
15-20 neque vero . . . putabat *hab. Asconius* ' CIRCA MEDIVM '   16
tam *A* : tamen *T*: *om. Ascon.*   18 C. : *om. Ascon.*   19
nondum *T, Ascon.* : non *A*   constitutum erat *Ascon.*   20 hoc] illo
Ascon.   sibi *T, Ascon.* : sibi certum *A*   24 iste *Müller* :
ipse *T* : *om. A*   27 qui *A* : qum *T*

ceteros sentiam ? At enim frater iam non petit. Quid tum ?
Si ille retentus a cuncta Asia supplice, si a negotiatoribus,
si a publicanis, si ab omnibus sociis, civibus exoratus ante-
posuit honori suo commoda salutemque provinciae, propterea putas semel exulceratum animum tam facile potuisse ₅
36 sanari ? Quamquam in istis omnibus rebus, praesertim
apud homines barbaros, opinio plus valet saepe quam res
Cod. T ipsa. Persuasum est Sardis se nihil Appio gratius esse fa-
deficit cturos quam si de Scauri fama detraxerint ; multorum etiam
spe commodorum praemiorumque ducuntur ; omnia con- ₁₀
sulem putant posse, praesertim ultro pollicentem. De quo
37 plura iam non dicam. Quamquam ea quae dixi non secus
dixi quam si eius frater essem, non is qui et est et qui
multa dixit, sed is qui ego esse in meum consuevi. Generi
igitur toti accusationis resistere, iudices, debetis, in quo nihil ₁₅
more, nihil modo, nihil considerate, nihil integre, contra
improbe, turbide, festinanter, rapide omnia conspiratione,
imperio, auctoritate, spe, minis videtis esse suscepta.
38   Venio nunc ad testis, in quibus docebo non modo nullam
fidem et auctoritatem sed ne speciem quidem esse aut ₂₀
imaginem testium. Etenim fidem primum ipsa tollit consensio, quae patefacta est compromisso Sardorum et coniuratione recitata ; deinde illa cupiditas quae suscepta est spe
et p*romissione* praemiorum ; postremo ipsa natio, cuius tanta
vanitas est ut libertatem a servitute nulla re alia nisi ₂₅
39 mentiendi licentia distinguendam putent. Neque ego Sardorum querelis moveri nos numquam *dico* oportere. Non
sum aut tam inhumanus aut tam alienus a Sardis, praesertim
cum frater meus nuper ab eis decesserit, cum rei *frumen-*
tariae Cn. Pompei missu praefuisset, qui et ipse illis pro ₃₀

5 putas semel *A* : putassentvel (*Peyron*) *T*   13 et qui] et inique
Francken : *fort. excidit* parum fraterne   15 toti *Müller* : totius *A*
16 nihil modo *Niebuhr* : nihil mode *A* : *del. Francken*   17 rapide]
cupide *Beier*   omnia, omnia *Cramer*   24 promissione *Mai* :
pr........*A*   26 ego] aio *Heinrich*   27 dico *suppl. Beier*
(*fort.* neque nego ... nos non numquam)   29 iis *Müller* : his
A   frumentariae *Mai* : . . u ....*A*

sua fide et humanitate consuluit et eis vicissim percarus et
iucundus fuit. Pateat vero hoc perfugium dolori, pateat 40
iustis querelis, coniurationi via intercludatur, obsaepiatur
insidiis, neque hoc in Sardis magis quam in Gallis, in Afris,
5 in Hispanis. Damnatus est T. Albucius, C. Megaboccus ex
Sardinia non nullis etiam laudantibus Sardis. Ita fidem
maiorem varietas ipsa faciebat. Testibus enim aequis, tabulis incorruptis tenebantur. Nunc est una vox, una mens 41
non expressa dolore, sed simulata, neque huius iniuriis, sed
10 promissis aliorum et praemiis excitata. At creditum est
aliquando Sardis. Et fortasse credetur aliquando, si integri
venerint, si incorrupti, si sua sponte, si non alicuius impulsu,
si soluti, si liberi. Quae si erunt, tamen sibi credi gaudeant
et mirentur. Cum vero omnia absint, tamen se non respi-
15 cient, non gentis suae famam perhorrescent ?

Fallacissimum genus esse Phoenicum omnia monumenta 42
vetustatis atque omnes historiae nobis prodiderunt. Ab his
orti Poeni multis Carthaginiensium rebellionibus, multis vio-
latis fractisque foederibus nihil se degenerasse docuerunt.
20 A Poenis admixto Afrorum genere Sardi non deducti in
Sardiniam atque ibi constituti, sed amandati et repudiati
coloni. Qua re cum integri nihil fuerit in hac gente *pesti-* 43
lentiae plena, quam valde eam putamus tot transfusionibus
coacuisse ? Hic mihi ignoscet Cn. Domitius Sincaius, vir
25 ornatissimus, hospes et familiaris meus, ignoscent denique
omnes ab eodem Cn. Pompeio civitate donati, quorum
tamen omnium laudatione utimur, ignoscent alii viri boni
ex Sardinia ; credo enim esse quosdam. Neque ego, cum 44

3 coniuratiovi *A* : *corr. Beier*   obsaepiatur *Peyron* : obsidiatur *A*
5 T. *Beier* : L. *A*   C.] et C. *Mai*   Megabocchus *Heinrich, cf.*
Att. ii. 7. 3 (Μεγάβαχχον *quendam nominat Plutarch.* Crass. 25)
13 tamen] tum *Heinrich*   18 Carthaginiensium *del. Müller*   21
amendati *A* : *corr. Mai*   22 pestilentiae *supplevi*   23 plena]
pura *Heinrich* : Poena *Francken*   25 denique omnes *Beier* :
d . . . . ones *A*

de vitiis gentis loquor, neminem excipio ; sed a me est de
universo genere dicendum, in quo fortasse aliqui suis moribus et humanitate stirpis ipsius et gentis vitia vicerunt.
Magnam quidem esse partem sine fide, sine societate et
coniunctione nominis nostri res ipsa declarat.   Quae est 5
enim praeter Sardiniam provincia quae nullam habeat ami-
45 *a* cam populo Romano ac liberam civitatem ?   Africa ipsa
parens illa Sardiniae, quae plurima et acerbissima cum
maioribus nostris bella gessit, non solum fidelissimis regnis
sed etiam in ipsa provincia se a societate Punicorum bellorum 10
Cod. A Vtica teste defendit.   Hispania ulterior Scipionum inter*itu*.
desinit

(*b*) Copiis inops, gente fallax. *Arusianus* (*K.* vii. *p.* 480. 4).

(*c*) *Alverni a quodam Troiano nominantur.   De his Cicero
in Scauriana* : Inventi sunt qui etiam fratres populi Romani
vocarentur.   *Schol. Lucan.* i. 427.   15

(*d*) Hoc nomine audito quod per omnis gentis pervagatum est.   *Arusianus* (*K.* vii. *p.* 503. 17).

(*e*) *Tullius imperat Sardis ut de familia nobili ipsi quoque
cum orbis terrarum auctoritate sentirent.   Ammianus Marcell.*
xxii. 15. 21.   20

(*f*)   POST DVAS PARTES ORATIONIS
Nam cum ex multis unus ei restaret Dolabella pater-
nus inimicus, qui cum Q. Caepione propinquo suo contra
Scaurum patrem suum subsignaverat, eas sibi inimicitias
non susceptas sed relictas *et cetera. Asconius, p.* 26. 6.   25

(*g*) Quae, malum, est ista ratio ?   *Eugraphius, ad Ter.
Haut.* iv. 3. 18.

(*h*) Quem purpura regalis non commovit, eum Sardorum
mastruca mutavit ? *Isidorus, Orig.* xix. 23. 5.

(*i*) *De aedilitate M. Scauri et opulentia ludorum plenissime* 30

1 sed a me *Mai* : sedamen *A*   11 interitu *Beier* : int *A*   24
suum *del. Halm*   obsignaverat 𝛴 : *corr. Mommsen*   eas *Kreyssig* :
ceteras (steteras *PM*) eas 𝛴 (ceteras *ex* et cetera *geminatum*)   sibi
om. S   25 relictas *Beier* : relatas 𝛴

PRO M. SCAVRO ORATIO

dixit in ea oratione qua ipsum quoque M. Scaurum defendit.
Schol. Bobiensis ad Sest. § 116.

(*k*)   POST TRES PARTES *A* PRIMO

Praesertim cum propinquitas et celebritas loci suspi-
5 cionem desidiae tollat aut cupiditatis. *Asconius, p.* 26. 21.

(*l*) *Cum Scauri columnas per urbem plaustris vectas esse
dixisset,* Ego porro, *inquit,* qui Albanas habeo columnas.
clitellis eas adportavi. *Quintilian.* v. 13. 40.

(*m*) Domus tibi deerat ? At habebas. Pecunia supera-
10 bat ? At egebas. Incurristi amens in columnas, in alienos
insanus insanisti, depressam, caecam, iacentem domum
pluris quam te et fortunas tuas aestimasti. *Cicero, Orator*
223-4 (*cf. Quintilian.* ix. 2. 15; *Aquilam Rom. H. p.* 30. 1 ;
Mart. Cap. H. p. 480. 14 ; *Rufinum H. p.* 579. 23).

15 (*n*)   VER. A NOV . . .

Haec cum tu effugere non potuisses, contendes tamen
et postulabis ut M. Aemilius cum sua dignitate omni, cum
patris memoria, cum avi gloria, sordidissimae, vanissimae,
levissimae genti ac prope dicam pellitis testibus condonetur ?
20 (*Asconius, p.* 27. 10.)

(*o*)   VER. A NOVIS. CLX

Vndique mihi suppeditat quod pro M. Scauro dicam, 46
quocumque non modo mens verum etiam oculi inciderunt.
Curia illa vos de gravissimo principatu patris fortissimoque
25 testatur, L. ipse Metellus, avus huius, sanctissimos deos illo *Cod. T*
constituisse templo videtur in vestro conspectu, iudices, ut *incipit*
salutem a vobis nepotis sui deprecarentur, quod ipsi saepe
multis laborantibus atque implorantibus ope sua subvenissent.
Capitolium illud templis tribus inlustratum, paternis atque 47
30 etiam huius amplissimis donis ornati aditus Iovis optimi
maximi, Iunonis Reginae, Minervae M. Scaurum apud . . .

16 effugere *P* : effigere *SM*   17 postulas *S*   19 levissimae
hoc loco hab. S, ante vaniss. *P* : *om. M*   23 inciderint Σ : *corr.*
Halm   26 in templo *P*   27 deprecarentur *TS* : deprecaretur
PM   28 opem suam *Beier*

PRO M. SCAVRO ORATIO

Desunt versus septem octonarum denarum fere litterarum.

48 illius L. Metelli, pontificis maximi, qui, cum templum illud arderet, in medios se iniecit ignis et eripuit flamma Palladium illud quod quasi pignus nostrae salutis atque imperi custodiis Vestae continetur. Qui utinam posset parumper 5 exsistere ! Eriperet ex hac flamma stirpem profecto suam, qui eripuisset ex illo incendio di ...

Desunt septem versus.

49 ... tum. Te vero, M. Scaure, equidem video, video, inquam, non cogito solum, nec vero sine magno animi maerore ac 10 dolore, cum tui fili squalorem aspexi, de te recordor. Atque utinam, sicut mihi tota in hac causa versatus ante oculos *es,* sic nunc horum te offeras mentibus et in horum animis adhaerescas ! Species me dius ...

Desunt septem versus. 15

etiam si forte non nosset, tamen principem civitatis esse diceret.

50 Quo te nunc modo appellem ? ut hominem ? At non es inter nos. Vt mortuum ? At vivis et viges, at in omnium animis atque ore versaris, atque divinus animus mortale 20 nihil habuit, neque tuorum quicquam potuit emori praeter corpus. Quocumque igitur te mo*do* ...

Desunt reliqua.

51 *In Scauriana invenimus istam discretionem de Sardis et Sardiniensibus, ut illos incolas, illos advenas doceat.* Pom- 25 *peius, Commentum Artis Donati* (*K.* v. *p.* 144. 29).

Vniverse Cicero pro Scauro. *Charisius* (*K.* i. *p.* 224. 13).

---

5 custodis *T* : *corr. Beier*   9 vidivideo *T* : *corr. Beier*   12
es *suppl. Beier*   22 modo *Beier* : mo *T*

Printed in the USA/Agawam, MA
August 10, 2021

779343.001